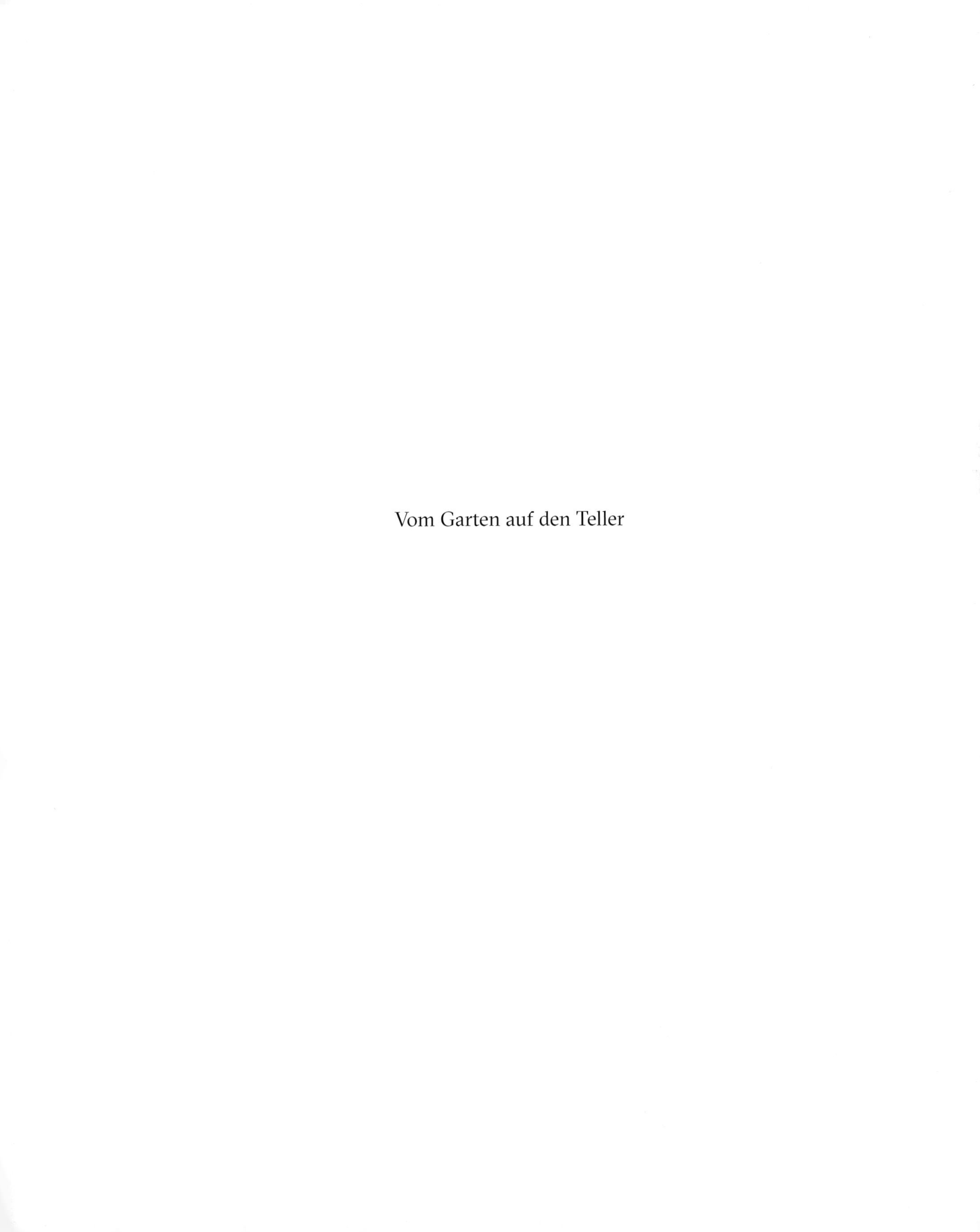

Vom Garten auf den Teller

Carolin Jahn

Vom Garten auf den Teller

ANBAUEN, KOCHEN & GENIEßEN

Jan Thorbecke Verlag

VERLAGSGRUPPE PATMOS

PATMOS
ESCHBACH
GRÜNEWALD
THORBECKE
SCHWABEN
VER SACRUM

Die Verlagsgruppe
mit Sinn für das Leben

Für Papa

Für die Verlagsgruppe Patmos ist Nachhaltigkeit ein wichtiger Maßstab ihres Handelns. Wir achten daher auf den Einsatz umweltschonender Ressourcen und Materialien.

Verlagsgruppe Patmos
in der Schwabenverlag AG, Ostfildern
www.thorbecke.de

Fotos: Carolin Jahn
Gestaltung: Finken & Bumiller, Stuttgart
Druck: PNB Print Ltd, Silakrogs
Hergestellt in Lettland
ISBN 978-3-7995-1545-0 (Print)
ISBN 978-3-7995-1553-5 (E-Book)

Inhalt

Über mich, meine Anfänge im Garten und das Streben nach mehr Platz

Früher konnte man mich mit allem rund um Garten und Küche nicht begeistern. Ich hatte nie besonderes Interesse daran und zog den Liegestuhl im Garten der Arbeit dort deutlich vor. Auch in der Küche fand man mich selten.

Das alles änderte sich jedoch schlagartig, als ich meinen ersten eigenen Balkon hatte. Knappe 10 Quadratmeter, die von jetzt auf gleich mein Interesse geweckt hatten und nun darauf warteten, von mir bepflanzt und gepflegt zu werden. Ich begann, mich durch unzählige Bücher zum Thema zu lesen, und es dauerte nicht lange, bis ich nicht nur ein Blütenmeer in meinen Balkonkästen, sondern auch eine Vielzahl an eigenem Gemüse und Kräutern hatte. Das Gärtnern auf meinem Balkon machte mir wahnsinnig viel Spaß und zeitweise konnte ich mit der Ernte sogar ganze Gerichte in der Küche zaubern. Je mehr Erfolgserlebnisse es auf dem Balkon gab, desto experimentierfreudiger wurde ich in der Küche. Die anfängliche Angst, etwas falsch zu machen, wich endlosem Tatendrang und Enthusiasmus und ging sogar so weit, dass der kleine Balkon bald nicht mal mehr genug Platz bot für ein gemütliches Fleckchen unter der Sonne.

Da der Drang nach einem eigenen größeren grünen Fleckchen Erde also immer größer wurde und zudem auch familiärer Zuwachs bevorstand, haben wir uns dann spontan für einen freien Schrebergarten in der direkten Nachbarschaft beworben. Keine zwei Wochen später waren wir Pächter eines 300 Quadratmeter großen Gartens mit Hanglage samt in die Jahre gekommener Laube und jeder Menge wild und ausufernd wachsender Bohnen, Zwiebeln und Knoblauch. Hier konnte gewerkelt, gegraben und gepflanzt werden, der Garten verzieh uns den ein oder anderen Anfängerfehler und überstürzte Handlungen. Unüberdachte Tomatenpflanzen waren wie aus dem nichts mit Braunfäule befallen, gingen kurz darauf fast alle ein, und die ersehnte Ernte unterschiedlichster, lange herangezogener Tomatensorten blieb aus. Unkraut übermannte uns spätestens alle drei Tage, und wenn Pflanzen mal nicht an zu wenig Wasser eingingen, dann hatten sie ziemlich sicher Läuse oder andere Schädlinge. Es gab an manchen Stellen die Überlegung, alles hinzuschmeißen, kamen jedoch wieder Freunde und Familie zu Besuch, wurde unser nicht ganz perfekter Schrebergarten zum Mittelpunkt vieler schöner Grillabende und all die Anstrengung war wie verflogen.

Hier entstand auch die Idee, alle Erlebnisse, Rückschläge und Erfahrungen in einem eigenen Gartenblog festzuhalten. Mein Blog *Parzelle14* sowie der dazugehörige Instagramaccount *Parzelle_14* waren im Januar 2018 geboren und sollten fortan Plattform für alles rund um meinen Garten und meine Küche sein.

Keine zwei Jahre später jedoch sollte unsere Reise als Familie erneut weitergehen und wir zogen in unser eigenes Haus mit kleinem Garten. Vom großen Schrebergarten mit unzähligen Beeten und Möglichkeiten ging es nun also wieder in überschaubare Gefilde. Unser neuer, ganz eigener Garten war nun deutlich kleiner, endlich fielen jedoch die unzähligen Autofahrten zwischen Garten und damaliger Wohnung weg und die Zeiten im Schrebergarten ohne Strom und Toilette, dafür aber mit Vereinsvorschriften, war nun Geschichte.

Wieder haben wir einen Garten gänzlich auf den Kopf gestellt, begradigt, bepflanzt und vieles rausgerissen. Unser eigener Garten wächst nun mit uns und wir sind nun bereit für etliche Jahre in unserem eigenen grünen Fleckchen Erde und leben fast täglich „vom Garten auf den Teller".

Vom Glück, den Ursprung zu kennen

Wer möchte nicht gerne wissen, woher das kommt, was auf seinem Teller landet? Ich bin der Meinung: Voraussetzung für jedes gute Essen sind noch bessere Zutaten.

Es ist ein Privileg, sein eigenes Gemüse anbauen und verarbeiten zu können, und man muss deshalb auch nicht zum ausnahmslosen Selbstversorger werden. Man benötigt ein bisschen Mut, Geduld und eine Möglichkeit zu pflanzen – den Rest übernimmt die Natur.

Die gesunde Mischung aus Bummeln über den örtlichen Wochenmarkt und gut ausgesuchtem, selbst angebautem Obst und Gemüse ist für mich das pure Glück. Jede Saison und jeder Monat eröffnen mir neue Möglichkeiten für die Weiterverarbeitung in meiner Küche.

In diesem Buch nehme ich dich an die Hand und zeige dir den Weg vom kleinen Samen bis hin zur gedeckten Tafel. Ich gebe dir Tipps, wie du dein eigenes Gemüse ziehen kannst und wie du deine eigenen Basics für den Vorratsschrank und das Gewürzregal daraus herstellst. Ich zeige dir, wie man mit saisonalem Obst und Gemüse abwechslungsreich durchs Jahr kommt, wie du störende

Brennnesseln in deinem Garten sinnvoll nutzen kannst und wie Löwenzahn, Gänseblümchen und Co. weiterverarbeitet werden können. Ich zeige dir Möglichkeiten auf, wie du dir zum Ende der Gartensaison Schmackhaftes in Gläser und Flaschen einkochst, um auch während der weniger grünen Monate im Jahr vom Garten zehren zu können, und wie von den ein oder anderen Zutaten aus dem eigenen Garten sogar die in Mitleidenschaft gezogenen Gärtnerhände und das eigene Wohlbefinden profitieren können, denn eine Auszeit braucht auch der leidenschaftlichste Gärtner.

Vom Garten auf den Teller

Ich kann mich daran erinnern, dass ich in meiner Kindheit fast nichts so sehr gehasst habe wie dreckige Hände. Heute liebe ich es, im Garten zu arbeiten, mit den Händen in der Erde zu wühlen, hier etwas abzuschneiden, dort etwas umzupflanzen und als krönenden Abschluss mein eigenes Gemüse mit in die Küche zu nehmen. Ich habe meinen Garten genau auf das ausgelegt, was ich in der Küche bevorzugt verarbeite, was einfach vom Strauch genascht wird oder was wir als Familie gerne essen. In meinem Garten steht das vielleicht kleinste Gewächshaus der Welt, voller schöner kleiner Schätze, umringt von Beetkästen, Himbeerbüschen, wilden Erdbeeren und einem kleinen Apfelbaum. Es gibt ein geschütztes Sonnenbeet mit allerlei Heil- und Teekräutern und im Schutz der Hausmauer – in direkter Küchennähe – liegt das Kräuterhochbeet mit unzähligen Duft- und Gewürzkräutern für den täglichen Einsatz in der Küche.

So idyllisch ist mein Garten aber keineswegs das ganze Jahr über.

Vor allem im Frühling und Sommer scheinen mich die ungeliebten Beikräuter geradezu zu überrennen. Aber auch das sieht man gelassener, wenn einem bewusst ist, was aus Brennnessel, Giersch, aber auch Löwenzahn gemacht werden kann. Die einen dienen im Garten, als Sud angesetzt, als wunderbarer natürlicher Schädlingsbekämpfer oder Dünger und die anderen sind, als Sirup oder Honig verarbeitet, herrlich in kühlen Getränken nach der Arbeit im Garten. So manches, wie das Gänseblümchen, lässt sich sogar komplett von der Wiese essen.

Allen Anfang macht hier ein kleiner Samen, und die Größe unseres Gartens ist dabei nicht einmal allzu ausschlaggebend, denn hier wird versucht, jede Ecke optimal auszunutzen. Wir sitzen nahezu das ganze Gartenjahr über draußen, mal auf der Terrasse und mal in einer schattigen Ecke, und genießen das Wetter, unser eigenes kleines Stückchen Erde und das, was es für uns bereithält.

In meiner Küche kann ich mich so richtig entfalten. Hier vergesse ich schnell die Zeit und bin völlig vertieft in mein Tun. Hier entstehen Ideen und Rezepte für unseren Familientisch, für gemütliche Grillabende mit Freunden oder einfach mal nur für mich selbst oder die Vorratskammer.

Die saisonale Küche stellt mich oft vor kleine Herausforderungen – das ist es jedoch, was ich mit der Zeit so lieben gelernt habe. Es lässt einen erfinderisch werden, nicht das ganze Jahr über Erdbeeren, Gurken oder Kürbisse mit in die Küche nehmen zu können, und weckt die Vorfreude auf die jeweilige Saison umso mehr. Auch wenn diese dann fast immer etwas zu kurz ist, um all das Geplante auch in der Küche umzusetzen. Mit dem auszukommen, was die Saison für einen bereithält, ist die wahre Kunst am Kochen, wie ich finde, und es ist ein tolles Gefühl, in den kälteren Wintermonaten eines der selbst eingelegten Gurkengläser vom vergangenen Sommer aus dem Keller zu holen, die eigene Marmelade aufs Sonntagsbrötchen zu streichen oder Gerichte mit selbst getrockneten Kräutern zu verfeinern.

So gibt es keinen Monat im Jahr, in dem es uns nicht möglich wäre, ausgewogen und dennoch saisonal zu schlemmen. Sind es im Frühjahr und Sommer eher leichte Rezepte mit frischen Zutaten direkt aus dem Garten, wie Bärlauch, Erdbeeren, Salat, Zucchini, Tomaten und Kräuter, so kommen im Herbst und Winter eher wärmende Eintöpfe mit Kartoffeln und Kohlgemüse auf den Tisch. Hier helfen dann die selbstgemachte Gemüsebrühe und die eingekochte Tomatensoße aus den Sommermonaten, die eingelegten Knoblauchzehen und allerlei Öle, Essige und Sirupe über die kalte und graue Zeit.

Von der Anzucht bis zur Ernte

Die Planung

In meinem ersten Garten, dem Schrebergartengrundstück, war ich hoch motiviert und wollte so viele Beete wie möglich anlegen, die natürlich alle hohe Erträge erbringen sollten. Ich stürzte mich ins Gartencenter und war auch beim örtlichen Gärtner Stammkunde. Ich wollte nahezu jede Gemüsesorte anbauen – und bin kläglich gescheitert. Daraus gelernt habe ich, dass nicht die Menge an Gemüsesorten und unzähligen Beeten einen guten Küchengarten ausmacht.

Es sind vielmehr die wenigen, gut durchdachten Beete, Ecken, Gewächshäuser und Hochbeete, die einen an das wirkliche Ziel führen: leckeres Gemüse von gesunden Pflanzen. Das Wichtigste im Garten ist also nicht, auf jeder Party dabei sein zu wollen, sondern seinen Garten so auf seine eigenen Bedürfnisse anzupassen, dass auch mit wenig Platz das Bestmögliche dabei herauskommt.

Zunächst muss man sich also Gedanken darüber machen, was im eigenen Garten überhaupt Sinn macht selbst anzubauen. Welche Gemüse- und Obstsorten wurden in den Jahren zuvor viel verarbeitet und gegessen? Was kann hingegen vernachlässigt und eher bei Bedarf auf dem heimischen Wochenmarkt zugekauft werden? Welche Gegebenheiten, sowohl licht-, boden- als auch platztechnisch, liegen vor und wieviel Arbeit ist man selbst bereit hineinzustecken? Habe ich ein Gewächshaus, Hochbeete oder ein großes Gemüsebeet? Oder möchte ich mich lieber auf einzelne Töpfe und Kästen auf dem Balkon oder der Terrasse beschränken? Eines ist ganz klar: Um sich im eigenen Garten zumindest teilweise selbst zu versorgen, braucht man keinen übermäßig großen Garten und auch keine fachmännische Grundausbildung. Etwas Zeit, Geduld, Beobachtungsgabe und ein kleiner grüner Daumen reichen schon aus.

Das richtige Saatgut

Wer für die nächste Saison eigenes Saatgut aus seinen Gemüsepflanzen gewinnen möchte, nimmt zur Aussaat samenfestes Saatgut. Samenfest bedeutet, dass die Nachkommen exakt die gleichen Eigenschaften besitzen wie die Mutterpflanze. Hier können Samen selbst gesammelt, auf natürliche Weise getrocknet und für das nachfolgende Gartenjahr verwendet werden. Samenfestes Saatgut findet man im gut sortierten Gartenmarkt, beim Gärtner des Vertrauens oder im Onlinehandel.

Auf vielen Saatguttütchen findet man den Begriff F1-Hybride. Diese Art Saatgut ist nicht zur Saatgutgewinnung geeignet und kann somit nur ein einziges Mal aus dem jeweiligen Samen gezogen und angebaut werden. Würde man dennoch Saatgut aus dieser Art gewinnen, hätten die daraus gezogenen Pflanzen andere Eigenschaften als die Mutterpflanze. Unter Umständen kann es sogar passieren, dass die Pflanzen gar keine Früchte tragen.

WAS DAFÜR BENÖTIGT WIRD

hochwertiges Saatgut
eher nährstoffarme Aussaat- oder Kräutererde
Töpfe oder Schalen
Pikierstab
Ballbrause
Pflanzschilder zum Beschriften
Mini-Gewächshaus für die Fensterbank
eine helle, warme Fensterbank oder eine Pflanzenlampe, um das Tageslicht zu imitieren

Die richtige Erde

Eigene Pflänzchen können auf unterschiedliche Art und Weise vorgezogen werden. Torffreie Anzuchterde aus dem Fachhandel bietet den Keimlingen die optimalen Voraussetzungen, um von Beginn an kräftige Wurzeln auszubilden. Diese ist frei von Düngezusätzen, nährstoffarm, besonders locker und gut wasserdurchlässig. So müssen sich die kleinen Pflänzchen schon im frühen Stadium anstrengen, um gut wachsen zu können, und schaffen somit eine optimale Grundlage für später.

Gute Anzuchterde, die ihren Aufgaben bestens gerecht wird, lässt sich auch wunderbar selbst herstellen. Blumenerde aus dem Vorjahr steht ungenutzt im Gartenschuppen? Perfekt für die nächste Anzucht.

WAS DAFÜR BENÖTIGT WIRD

ältere, bereits verwendete torffreie Blumenerde (beispielsweise aus dem Vorjahr)
backofengeeignete Form
Backofen

SO GEHT'S

Als Erstes wird die alte Erde aus dem Vorjahr gründlich gesiebt. Für die Anzucht wird eher feine Erde benötigt; gröbere Stücke wie Holzstücke, Pflanzenreste und kleine Steinchen sollten also entfernt werden. Jetzt wird die gesiebte Erde in eine ofenfeste Form mit Deckel gegeben und im Backofen bei etwa 100 °C für 2–3 Stunden sterilisiert. So werden Schädlinge, deren Eier und Unkrautsamen abgetötet. Nach dem vollständigen Auskühlen ist die Erde einsatzbereit.

GUT ZU WISSEN

Torf hat die positive Eigenschaft, Wasser besonders gut halten zu können, und wird deshalb leider auch heute noch gerne in Gartenerde untergemischt. Um unsere noch vorhandenen Hochmoore jedoch zu schützen, sollten Säcke mit Gartenerde als „torffrei" deklariert sein. Torf ist eine natürliche Ressource und kommt nur in Mooren vor. Um Torf dort abbauen zu können, müssen diese zum Teil trockengelegt werden, und damit geht uns ein riesengroßer CO_2-Speicher verloren. Zudem wird dadurch vielen Tieren und Pflanzen der Lebensraum entzogen.

Das Aussäen

Als Aussaatbehältnisse eignen sich ausgespülte Joghurtbecher, gebastelte Zeitungspapiertöpfchen oder leere Eierkartons genauso gut wie kleine Blumentöpfchen. Im Fachhandel finden sich zudem spezielle Anzuchttöpfchen aus Zellulosegemisch. Diese sind biologisch abbaubar und können beim späteren Umtopfen sogar einfach mit in die Erde gesetzt werden. Die Behältnisse werden bis kurz unter den Rand mit Erde befüllt und leicht angedrückt.

Je nach Saatgut kommen nun ein oder sogar mehrere Saatkörner in oder auf die Erde. Dies ist abhängig von der Art des Saatgutes.

Generell kann zwischen Licht- und Dunkelkeimern unterschieden werden. Lichtkeimer wie etwa Basilikum, Karotten oder Kopfsalat benötigen Licht, um zu keimen, werden also nur auf die Erde gelegt und nicht mit ihr bedeckt. Dunkelkeimer hingegen gehören in die Erde und können auch nur dort zu keimen beginnen. Zu ihnen gehören beispielsweise Feldsalat, Gurke, Kürbis, Zucchini und Tomaten.

GUT ZU WISSEN

Auch anhand der Größe lässt sich leicht feststellen, ob Samen zu Licht- oder Dunkelkeimern gehören. Hier gilt: Je kleiner das Saatgut, desto sicherer kann man sein, dass es sich um Lichtkeimer handelt.

Sind die Samen also ausgesät, sollte gut angegossen werden, um das Saatgut nicht austrocknen zu lassen. Hierfür eignet sich am besten eine Ballbrause; der Strahl einer herkömmlichen Gießkanne könnte das zarte Saatgut wegspülen oder junge Pflanzen erheblich beschädigen. Prinzipiell gilt: Je größer das einzelne Samenkorn, desto mehr Platz wird benötigt. Bei großen Samen ist also eine Einzelaussaat von Vorteil.

DIY-Anleitung für Anzuchttöpfchen aus Zeitungspapier

WAS DAFÜR BENÖTIGT WIRD

Zeitungspapier
Haushaltsschere
Klopapier-Papphülse

SO GEHT'S

Zuerst wird eine herkömmliche Zeitungsseite halbiert. So erhält man ein Rechteck mit den Maßen 22 cm × 30 cm. Dieses Rechteck wird der Länge nach gefaltet, die Klopapierhülse mit 2 Zentimetern Abstand zum Zeitungspapierrand in einer Ecke angelegt und zusammen mit dem Papier aufgerollt. Das nun unten überstehende Papier bildet später den Standboden des Anzuchttöpfchens und wird nun einfach zur Mitte hin rundherum eingeschlagen. Die Klopapierhülse wird anschließend nach oben hin herausgezogen. So können die entstandenen kleinen Töpfchen mit torffreier Anzuchterde befüllt werden.

DIY-HACK

Anzuchttöpfchen aus Zeitungspapier sind empfindlich, was Gießwasser angeht. Um die Wasserzufuhr bei so kleinen Töpfchen besser kontrollieren zu können, hilft eine Ballbrause.

Hat man keine Ballbrause zur Hand, kann man diese mit Hilfe einer leeren Plastikflasche einfach selbst machen. Hierfür mit einer heißen Nadel feine Löcher in den Flaschendeckel stechen, die Flasche mit Wasser füllen und den Deckel aufschrauben. Durch Druck auf den Flaschenkörper fungiert diese als Gießgefäß. Im Gegensatz zu herkömmlichen Gießkannen hat die Ballbrause einen viel feineren Gießstrahl. Somit werden einzelne, frisch ausgesäte Samenkörner nicht vom Wasser weggespült und junge Pflanzen nicht beschädigt.

Die ersten Wochen unter besten Bedingungen

In den ersten Tagen und Wochen ist Geduld gefragt. Die Keimdauer kann je nach Art und Sorte mehrere Wochen in Anspruch nehmen. Auch jetzt ist es wichtig, die Aussaat stets gleichmäßig feucht, jedoch keinesfalls zu nass zu halten. Ein kleines Zimmergewächshaus oder eine Folienabdeckung hilft, die Feuchtigkeit an Ort und Stelle zu halten, und lässt die Erde nicht austrocknen. Auch ein heller, jedoch nicht vollsonniger Standort ist von Vorteil. Eine nach Süden ausgerichtete Fensterbank eignet sich hervorragend; direkte Sonne kann den jungen Keimblättchen jedoch schnell Schaden und Verbrennungen zufügen. Genügend Tageslicht ist aber sehr wichtig. Das ist auch der Grund, warum nicht zu früh im Jahr mit der Aussaat begonnen werden sollte. Die Sonnenstunden tagsüber reichen hier noch nicht aus. Ist man also zu früh dran oder schafft keine optimalen Lichtverhältnisse, bekommen die Keimlinge schnell gelbe Blätter oder vergeilen, das heißt die Pflanzen versuchen dem Licht entgegenzuwachsen und werden so zu lang und dünn. Auch die richtige Keimtemperatur und Luftfeuchtigkeit dürfen nicht außer Acht gelassen werden. Hierzu findet man nützliche Angaben auf den jeweiligen Saatguttütchen des Herstellers.

Das Umtopfen und richtige Vereinzeln

Sobald sich nach den ersten zwei Blättchen, den Keimblättern, ein weiteres Blatt beginnt auszubilden, darf vereinzelt werden. Dies nennt man „Pikieren“. Hierbei geht es darum, die Keimlinge voneinander zu trennen, ihnen mehr Platz zur Verfügung zu stellen und sie in eigene, größere Töpfe umzusetzen. Je nach Sorte kann der Anzuchterde nun etwas Kompost oder herkömmliche Blumenerde beigemischt werden. So erhalten die Keimlinge die nun notwendige höhere Nährstoffmenge, um weiterwachsen zu können. Um die Pflänzchen zu pikieren, werden diese am Stiel vorsichtig mit zwei Fingern festgehalten und aus der Erde gelöst. Haben sich einzelne, zu lange Wurzelstränge ausgebildet, können diese bis auf ca. 1,5 Zentimeter eingekürzt werden. Dazu genügt ein beherzter Druck mit dem Fingernagel.

Den neuen Topf nun wieder mit Erde füllen und mit Hilfe eines Pikierstabes oder des eigenen Fingers möglichst mittig ein Loch in die Erde drücken. Jetzt kann die Pflanze neu eingesetzt werden. Wird der Keimling nun deutlich tiefer als vorher gesetzt, kann die Jungpflanze auch seitlich am Stiel noch Wurzeln ausbilden und wird so stabiler. An den Keimblättern, den ersten beiden Blättchen, kann man sich orientieren und den Keimling bis kurz unter deren Ansatz in die Erde setzen.

GUT ZU WISSEN

Sind die Wurzeln mehrerer Keimlinge stark ineinander verwachsen, lassen sich diese am besten bei einem Bad in Wasser lösen. Hierfür ein größeres Glas mit Wasser füllen und die kleinen Pflanzen samt Wurzelballen und Erde hineingeben. Die Erde löst sich von den Wurzeln, diese entwirren sich und lösen sich voneinander.

Standortwechsel – der Umzug ins Freie

Bereits einige Wochen vor dem endgültigen Umzug ins Freie können die vorgezogenen Pflänzchen in kleinen Etappen an die Gegebenheiten in der neuen Umgebung gewöhnt werden. Hierzu reichen zu Anfang wenige Minuten täglich an einer geschützten Stelle im Garten aus. Am besten man wählt dafür eher bedeckte Tage. Zu viel Sonne und zu hohe Temperaturen können schlecht für die zarten Blättchen sein und führen schnell zu Verbrennungen, die unwiderruflich der Pflanze schaden. Auch zu kalte Tage sollten vermieden werden.

Die Zeit im Freien kann von Tag zu Tag erhöht werden und eine komplette Nacht im Freien ist bei konstanten Temperaturen deutlich über Null dann kein Problem mehr.

Härtet man seine Pflanzen nicht ausreichend ab, kann es später im Beet zu einem sogenannten Wachstumsschock kommen und die Chancen sind hoch, dass die mühevoll gezogenen Pflanzen schnell eingehen.

Nach den Eisheiligen ist meist der richtige Zeitpunkt, um endgültig auszupflanzen.

Wer ein gut isoliertes Gewächshaus, einen Folientunnel oder Hochbeete mit Frühbeetaufsätzen besitzt, kann diesen Zeitpunkt etwas nach vorne korrigieren.

Jetzt steigt der Nährstoffbedarf der Pflanzen nochmals an. Am besten wird in spezieller Gemüseerde gepflanzt. Bereits vorhandene Beeterde kann mit Kompost angereichert werden.

GUT ZU WISSEN

Die Eisheiligen beginnen mit dem heiligen Mamertus am 11. Mai und enden am 15. Mai mit der kalten Sophie. Sie bezeichnen eine Kälteperiode Mitte Mai, in der es nicht selten nochmals ziemlich kalt wird und auch bittere Bodenfröste nicht auszuschließen sind.
Um also keine Einbußen an der eigenen Anzucht in Kauf nehmen zu müssen, sollte man die Jungpflanzen am besten erst danach ins Freie pflanzen.

Die Mischkultur – kleiner Garten, viele Möglichkeiten

Eine gute Möglichkeit, einen eher kleineren Garten optimal zu nutzen, ist der Anbau nach dem Mischkulturprinzip. Hier steht unterschiedliches Gemüse mit Kräutern und Blumen auf engstem Raum zusammen, hält sich auf natürliche Weise über wie auch unter der Erde gegenseitig Schädlinge und Krankheiten fern und unterstützt sich im Wachstum und Wohlergehen. Möchte man die von der Natur gegebenen Eigenschaften jeder Pflanze optimal ausnutzen, ist die Mischkultur eine gute Möglichkeit dazu. Es müssen also keine kompletten Beete mit ein und derselben Gemüsesorte bepflanzt werden, sondern es darf gemischt werden.

So verträgt sich beispielsweise die **Tomate** sehr gut mit Basilikum und Kapuzinerkresse. Die **Gurke** wiederum gedeiht in Nachbarschaft zu Kopfsalat und Dill, steht aber nicht gerne neben einer Tomate, einer Zucchini oder einem Radieschen. **Erdbeeren** freuen sich über die Gesellschaft von Knoblauch, Spinat oder Radieschen. Gar nicht hingegen gefällt es ihnen neben Kohl oder Kartoffeln. **Zucchini** mögen Mangold oder Zwiebeln, wachsen aber direkt neben Gurken oft missgebildet. **Kartoffeln** mögen keine Tomaten nebenan, freuen sich aber über verschiedenste Kohlarten oder Spinat. **Kohlrabi** bevorzugt Salate, Radieschen oder Tomaten.

GUT ZU WISSEN

In meinem Garten geht Mischkultur auch auf kleinstem Raum am einfachsten von der Hand, indem ich Küchenkräuter direkt zwischen meine Gemüsesorten setze. Gurken freuen sich hier über Dill, Tomaten über Basilikum, Erdbeeren lieben Schnittlauch und der Kopfsalat Kerbel. So spare ich mir den Platz für ein extra Kräuterbeet und tue nebenbei meinen Gemüsepflanzen etwas Gutes.

Richtiges Gießen und gute Pflege

Richtiges Gießen wird oft unterschätzt. Am besten gießt man mit Regenwasser aus der Gartentonne. Das Wasser ist gut temperiert, kalkfrei und somit sehr weich. Das Wasser enthält keinerlei zugesetzte Mineralien, keine oder nur sehr wenige Schadstoffe und kann somit den pH-Wert und Nährstoffgehalt der eingesetzten Erde und des Bodens nicht verändern. Wasser aus der Leitung ist vielerorts zu stark mineralisiert und damit zu hart.

Mit Gießen allein ist es jedoch nicht getan. Gemüseanbau bedeutet stetige Pflege. Das regelmäßige Kontrollieren auf Schädlinge und Fäulnis durch Staunässe und das Zurückschneiden und Ausdünnen einzelner Pflanzenteile fördert ein gesundes Wachstum. Der Nährstoffgehalt eines frisch mit Erde befüllten Beetes ist ungefähr 4–6 Wochen für die jeweilige Pflanze verfügbar. Danach sollte je nach Bedarf der Pflanzen nachgedüngt werden.

GUT ZU WISSEN

Meine Erfahrung zeigt, dass Gemüsebeete in meinem Garten am Tag pro Quadratmeter mehrere große Gießkannen mit Wasser benötigen. 10 Liter am Tag können hier je nach Bepflanzung und Tiefe der Wurzeln schon mal zusammen kommen. Auch Verdunstungen durch Temperaturen, Wind usw. dürfen nicht außer Acht gelassen werden – pro Tag und Quadratmeter können das gut 1–2 Liter sein.

Natürliche Schädlingsbekämpfung

Wer sein Gemüse in Mischkultur anpflanzt, fährt schon gute, natürliche Geschütze im Kampf gegen Schädlinge aller Art im Garten auf. Die Pflanzen unterstützen sich hier nicht nur gegenseitig im Wachstum, sondern schützen sich auch gegenseitig vor Schädlingen.

Zwiebeln vertragen sich hier mit den meisten Pflanzen und helfen diesen sogar dabei, den ungeliebten Mehltau fernzuhalten. Mehltauabwehrend wirken auch Basilikum und Kerbel. Letzterer hilft sogar gegen Schnecken. Knoblauch, locker zwischen den Gemüsereihen gepflanzt, hilft dank seines ätherischen Öls, welches viele Schädlinge nicht mögen, optimal gegen Blattläuse, Kartoffelkäfer und auch Mehltau.

Auch wer Brennnesseln im Garten vorfindet, sollte diese keinesfalls gleich ausreißen und auf den Kompost geben. Als Sud angesetzt, eignen sie sich super zur Blattlausbekämpfung und halten gleichzeitig auch noch lästige Unkräuter auf natürliche Weise fern.

EINEN BRENNNESSELAUSZUG ANSETZEN

1 kg Brennnesselblätter
10 l Regenwasser
1 größerer Eimer

SO GEHT'S

Um einen Kaltwasserauszug aus Brennnesseln herzustellen, sollten die Brennnesseln etwa einen halben Tag vorher gepflückt werden und an einem schattigen Plätzchen etwas anwelken. Für den Sud werden nur die Blätter der Brennnesselpflanze benötigt, je größer desto besser. Die angewelkten Blätter in einen größeren Eimer geben, mit Regenwasser auffüllen und für mindestens 12 Stunden an einem schattigen Ort ziehen lassen. Der Sud sollte nicht anfangen zu gären. Anschließend werden die festen Pflanzenbestandteile abgesiebt und der fertige Sud aufgefangen. In einer Sprühflasche kann jetzt die befallene Pflanze mit dem Sud eingesprüht werden. Brennnesselsud hilft nicht nur gegen Schädlinge, sondern dient zusätzlich auch als natürliches Düngemittel.

GUT ZU WISSEN

Keine Lust, Brennnessel und Co. im Garten wuchern zu lassen? Kein Problem, auch das ein oder andere Hausmittelchen hilft zuverlässig gegen Schädlingsbefall im Garten. Eine Sprühmischung aus Schmierseife und Wasser schlägt Läuse in die Flucht, weil sich die Läuse an der rutschigen Oberfläche der Pflanzenblätter nicht mehr halten können und abrutschen. Bei echtem Mehltau hat sich ein Milch-Wasser-Gemisch bewährt. Beides wird an eher bedeckten Tagen großflächig auf die befallene Pflanze gesprüht und bei stärkerem Befall nach ein paar Tagen wiederholt.

Das Ernten

Am besten eignet sich dafür ein trockener Vormittag. Zu dieser Tageszeit enthält das Gemüse noch seine maximale Feuchtigkeit. Erntegut sollte zudem immer mit Strunk eingeholt werden. Entfernt man diesen oder führt der Frucht andere oberflächliche Verletzungen zu, macht man diese angreifbar für viele Erreger. Sie ist so weniger lange haltbar und schimmelt schneller. Grüne Triebe, etwa bei Karotten, Rote Bete und Pastinaken, werden entfernt.

Der richtige Erntezeitpunkt lässt sich pauschal nicht genau bestimmen. Eine vollaromatische Zucchini sollte in etwa einer Länge von 15 Zentimetern geerntet werden. Mit zunehmender Größe wird diese schnell wässrig und verliert an Aroma. Lässt man Radieschen zu groß werden, verlieren sie ebenfalls an Geschmack und werden holzig.

Tomaten haben zur vereinfachten Ernte eine sogenannte Sollbruchstelle. Diese befindet sich knapp oberhalb des Tomatenstrunks, ist als kleine Verdickung zu erkennen und kann, sobald die Tomate den optimalen Reifegrad erreicht hat, einfach mit dem Fingernagel eingedrückt werden.

Zwiebeln und Knoblauch sind erntereif, sobald sich das Blattwerk beginnt gelb und braun zu färben, von alleine umknickt und welk wird.

GUT ZU WISSEN

Auch schneller verderbende Pflanzenteile wie Karottengrün oder Knollensellerieblätter können weiterverarbeitet werden und sind viel zu schade für den Kompost. Sie dienen als Suppengrün oder können zu Pesto zerkleinert werden.

Die richtige Lagerung der eigenen Ernte

Wer das ganze Gartenjahr über viel Zeit, Arbeit und Geduld in seine Gemüse- und Obstpflanzen gesteckt hat, möchte natürlich möglichst lange etwas davon haben. Jedes Gartenjahr endet aber irgendwann, und eine richtige Lagerhaltung ist Voraussetzung für gutes Obst und Gemüse im Winter. Für eine erfolgreiche Lagerung über Wochen oder sogar Monate ist nur einwandfreies Erntegut ohne Druckstellen oder Schädlingsbefall geeignet, welches zum Erntezeitpunkt zwar reif, jedoch nicht überreif sein sollte. Äpfel und Birnen eignen sich, luftig nebeneinander liegend, hervorragend zur Lagerung im Keller, sollten aber dennoch regelmäßig kontrolliert und bei Bedarf aussortiert werden. Auch viele Gemüsearten, besonders **Kartoffeln und Wurzelgemüse,** können gut im Keller aufbewahrt werden. Sie sollten direkt nach der Ernte auf keinen Fall geputzt und von Erde befreit werden. Die umliegende Erdschicht hält die Feuchtigkeit der Knollen im Inneren und schützt sie so vor Austrocknung. Im Keller gelagert, mögen Kartoffeln es dennoch nicht zu kühl. 5–7 °C und Dunkelheit sind hier optimal. Möhren, Kohlrabi, Rettich, Rote Bete und Pastinaken überstehen den Winter, indem man sie sofort nach der Ernte in feuchtem Sand mit genügend Abstand zueinander sortenrein in eine Holzkiste legt.

Ein guter Lagerraum im Keller sollte 10 °C Umgebungstemperatur nicht überschreiten und etwa 90 Prozent Luftfeuchtigkeit vorweisen können. Alte Gewölbekeller mit Lehmböden sind somit besonders gut geeignet.

Zwiebeln und Knoblauch mögen im Gegensatz zu anderen Gemüsearten keine feuchten Lagerbedingungen, sondern bevorzugen eine trockene und kühle Umgebung, die nicht zwingend dunkel sein muss. Nach der Ernte werden sie zum Trocknen, etwa auf dem Dachboden,

aufgehängt und anschließend luftig und trocken, beispielsweise in Netzen, gelagert.

Salat, Spinat und Mangold schlägt man für eine optimale Lagerung über mehrere Tage in ein feuchtes Geschirrtuch ein und gibt das Päckchen so in das Gemüsefach des Kühlschranks.

Gemüse wie **Tomaten, Auberginen und Paprika** mögen es eher wärmer und bevorzugen Raumtemperatur. **Zucchini** mögen eine Temperatur von ungefähr 10 °C, können also ebenfalls für kürzere Zeit im Kühlschrank aufbewahrt werden. Zucchini sind jedoch ziemlich kälteempfindlich und der Kühlschrank sollte daher nicht zu kalt eingestellt sein.

GUT ZU WISSEN

Gemüse und Obst sollten immer getrennt voneinander aufbewahrt werden – Äpfel beispielsweise enthalten den Stoff Ethylen, der den Reifeprozess anregt und Gemüse schneller verderben lässt. Kartoffeln beginnen so schneller zu keimen.

Saisonkalender

GEMÜSE	Frischware	Lagerware
AUBERGINE	Juni–Oktober	
BLUMENKOHL	Juni–Oktober	
BOHNEN, GRÜN	Juni–Oktober	
BROKKOLI	Juni–Oktober	
CHINAKOHL	Mai–Februar	März–April
ERBSE	Juni–August	
FENCHEL	Mai–November	
FRÜHLINGSZWIEBEL	Mai–Oktober	
GRÜNKOHL	November–Januar	
GURKE	Mai–September	
KAROTTE	Juni–Oktober	November–Mai
KARTOFFEL	Juni–Oktober	November–Mai
KNOLLENSELLERIE	September–März	April–August
KOHLRABI	April–September	
KÜRBIS, BUTTERNUT	September–Oktober	November–März
KÜRBIS, HOKKAIDO	August–November	Dezember–März
LAUCH	August–Dezember	Januar–Juli
MAIS	Juli–Oktober	
MANGOLD	Mai–Oktober	
PAPRIKA	Juli–Oktober	November–April
PASTINAKE	August–Oktober	
PETERSILIENWURZEL	Oktober–März	
PORTULAK	Mai–Oktober	
RADIESCHEN	April–Juli	
RETTICH	Juni–September	Oktober–Mai
ROSENKOHL	September–Januar	Februar–März
ROTE BETE	September–März	April–August
ROTKOHL	September–März	April–August
SCHALOTTE	Juni–September	Oktober–Mai
SPARGEL	März–Juni	
SPINAT	April–Oktober	
SPITZKOHL	Mai–Oktober	November–Februar
STAUDENSELLERIE	Juli–Oktober	
TOMATE	Juli–September	
WEIßKOHL	September–März	April–August
WIRSING	Juli–März	April–Juni
ZUCCHINI	Juni–September	
ZWIEBEL	August–Mai	Juni–Juli

OBST	Frischware	Lagerware
APFEL	August–Oktober	November–Juli
APRIKOSE	Juli–August	
BIRNE	Juli–Oktober	November–Januar
BROMBEERE	Juli–September	
ERDBEERE	Juni–Juli	
HAGEBUTTE	September–Dezember	
HEIDELBEERE	Juni–September	
HIMBEERE	Juni–September	
HOLUNDERBEERE	August–September	
JOHANNISBEERE	Juni–August	
KIRSCHE	Juni–August	
MIRABELLE	Juli–September	
NEKTARINE	Juli–September	
PFIRSICH	Juli–September	
PFLAUME	Juni–September	
QUITTE	Oktober–November	
RHABARBER	März–Juli	
STACHELBEERE	Juni–August	
TRAUBE	September–Oktober	
ZWETSCHGE	Juni–September	

SALATE	
CHICOREE	Oktober–April
EICHBLATTSALAT	Mai–Oktober
EISBERGSALAT	Mai–Oktober
ENDIVIENSALAT	Mai–November
FELDSALAT	Oktober–März
KOPFSALAT	Mai–Oktober
LOLLO ROSSO	April–November
RADICCHIO	Juni–Oktober
RÖMERSALAT	Mai–November
RUCOLA	März–November

KRÄUTER	
BÄRLAUCH	März–Mai
BASILIKUM	April–Oktober
DILL	Mai–September
KERBEL	März–September
LIEBSTÖCKEL	April–September
MAJORAN	Juni–September
MINZE	Mai–Oktober
OREGANO	Juni–September
PETERSILIE	Mai–Oktober
ROSMARIN	Januar–Dezember
SALBEI	Mai–August
SCHNITTLAUCH	März–September
THYMIAN	Mai–Oktober

Basics gehören in jede Küche

Aus einfachsten Zutaten lassen sich in der Küche die aromatischsten Küchenbasics herstellen. In sterilisierte Gläser gefüllt und im Kühl- oder Vorratsschrank aufbewahrt, erleichtern sie das Kochen ungemein. Ich, für meinen Teil, möchte nicht mehr ohne meine zahlreichen Gläschen und Fläschchen, gefüllt mit Schätzen aus dem Garten, sein. Ein gutes Kräutersalz, selbstgemachtes Tomatenmark, ein würziges Öl und eingelegter Knoblauch bilden zusammen mit unzähligen Pestos, Pasten und Grundstöcken die Basis meines täglichen Bedarfs beim Kochen. Einmal hergestellt, spart man mit einem gewissen Repertoire nicht nur eine Menge Zeit beim Kochen, sondern kann auch auf bestimmte Zutaten zurückgreifen, die zum Zeitpunkt keine Saison haben und frisch nicht zu bekommen sind.

WAS WIRD BENÖTIGT?

sterilisierte, gut verschließbare
Gläser und Flaschen
Etiketten zur Beschriftung
ein wasserfester Stift

ESSIG

Knoblauch-paste

Es gibt Dinge, die sind aus meinem Kühlschrank nicht mehr wegzudenken. So ist es mit meiner Knoblauchpaste im Glas. Mit einmaligem Aufwand und einmaligen Knoblauchfingern hat man für die nächsten Wochen ausgesorgt und immer guten Knoblauch zur Hand. Ich verwende die Paste nahezu in allen Gerichten, in denen sonst frischer Knoblauch zum Einsatz kommt. Besonders gut macht sie sich auf Fladen, als Beigabe in Suppen oder zum Aromatisieren von Kurzgebratenem.

ZUTATEN FÜR 1 GLAS À 150 ML

50 g Knoblauchzehen
ca. 50 ml Rapsöl
½ TL Salz
20 ml Weißwein oder
alternativ heller, milder Essig

SO GEHT'S

Den Knoblauch schälen. Alle Zutaten zusammen für ein paar Minuten in einen leistungsstarken Mixer geben, sodass eine breiartige Paste entsteht. Anschließend kann die Paste in sterilisierte, gut verschließbare Gläschen gefüllt werden. Im Kühlschrank aufbewahrt ist die Paste dank der haltbarmachenden Zutaten wie Öl, Salz und Wein bzw. Essig bis zu 3 Monate haltbar.

KNOBLAUCH ALS KRÄUTERDÜNGER

Aus zerkleinerten, mit heißem Wasser übergossenen Knoblauchzehen lässt sich im Handumdrehen ein wirkungsvoller natürlicher Dünger für beispielsweise Kräuter herstellen. Hierzu 2–3 Knoblauchzehen zerkleinern und diese mit ungefähr 600 ml kochendem Wasser übergießen. Zugedeckt den halben Tag gut durchziehen lassen, den Knoblauch abseihen, den Sud in eine Sprühflasche füllen und die Kräuter im Beet damit einsprühen.

KLEINER TIPP

Am besten nur kleine Mengen herstellen und sofort verbrauchen. Der Sud gärt nach und entwickelt einen sehr unangenehmen Geruch.

Knoblauch im eigenen Garten

Wer Knoblauch selbst im Garten anbauen möchte, lässt einzelne Zehen keimen und steckt diese dann an einem warmen, sonnigen Standort aufrecht mit der Spitze nach oben etwa 5 Zentimeter tief in die Erde. Dies kann sowohl im September/Oktober wie auch im Frühjahr geschehen.

Geerntet wird der Knoblauch dann im Sommer ab ungefähr Ende Juni bzw. im August/September für die jeweilige Herbsternte, wenn sich die Blätter gelb färben. Milder schmeckt der Knoblauch, wenn man ihn schon im späten Frühjahr noch grün erntet.

Dank seines speziellen Geruchs ist Knoblauch ein optimales Schädlingsbekämpfungsmittel in der Mischkultur. Ich pflanze ihn gerne zwischen Erdbeeren und Tomaten.

Eingelegter Knoblauch

Eingelegter oder auch konfierter Knoblauch ist im Vergleich zu herkömmlichem Knoblauch wesentlich bekömmlicher. Sein Geschmack ist zudem milder und die Schärfe tritt eher in den Hintergrund.

ZUTATEN FÜR 3–4 GLÄSER À 200 ML

15 Knoblauchknollen
ca. 600 ml Pflanzenöl

SO GEHT'S

Die Knoblauchzehen schälen und dunkle Stellen wegschneiden. Anschließend die Zehen in einen mittelgroßen Topf geben und alles so lange mit Öl übergießen, bis alle Zehen damit bedeckt sind. Jetzt wird das Öl 1 Stunde auf maximal 90 °C erhitzt. Die Temperatur hier in regelmäßigen Abständen mit einem Fleischthermometer kontrollieren. Nach 1 Stunde können die konfierten Knoblauchzehen zusammen mit dem Öl in sterilisierte, gut verschließbare Gläser gefüllt werden. Im Kühlschrank aufbewahrt ist der Knoblauch so bis zu 3 Monate haltbar.

GUT ZU WISSEN

Übrig gebliebenes Knoblauchöl fülle ich separat in kleinere Flaschen. Das Öl macht sich gut in Salatsoßen oder zum Marinieren von Fleisch. Hierfür mische ich es mit einer Handvoll klein gehackter Kräuter nach Wahl.

Flüssiges Würzbasilikum

Oft geht es mir so, dass meine Kräuter genau dann besonders gut wachsen, wenn ich sie nicht brauche. Vor allem Basilikum wächst bei sachgemäßer Ernte, der richtigen Wassermenge und optimalem Standort sehr schnell. Eine Möglichkeit, Basilikum zumindest für eine gewisse Zeit haltbar zu machen, ist, flüssiges Würzbasilikum anzusetzen. Perfekt für schnelle Salatsoßen, würzige Toppings oder zum Würzen von Eintöpfen und Suppen.

ZERO-WASTE-TIPP

Zu viel auf einmal geerntet? Kein Problem. Kräuter, welche nicht sofort verwendet werden können, lassen sich auch einfrieren. Hierfür die Kräuter fein hacken und in Eiswürfelformen drücken. So vorportioniert, sind sie beim Kochen schnell zur Hand.

ZUTATEN FÜR 1–2 KLEINE FLASCHEN À 150 ML

2 Handvoll Basilikum
100 ml Essig
75 ml neutrales Öl
ca. 175 ml Wasser
1 Msp. Guarkernmehl zum Binden
½ TL Salz

SO GEHT'S

Die Basilikumblätter von ihren Stängeln zupfen und zusammen mit den restlichen Zutaten in einen leistungsstarken Mixer geben. Dickt die Flüssigkeit zu schnell ein, sollte noch etwas Essig zugegeben werden. Ist das Würzbasillikum zu dünnflüssig, einfach noch eine kleine Menge Guarkernmehl zugeben, das sorgt für die richtige Bindung. Zum Schluss alles in sterilisierte, gut verschließbare Fläschchen füllen. Im Kühlschrank aufbewahrt ist das Würzbasilikum bis zu 4 Wochen haltbar.

Basilikum im eigenen Garten

Basilikum mag sonnige Standorte mit nährstoffreichem, eher feuchtem Boden. Um gleichmäßiges, buschiges Wachstum zu fördern, sollte immer die Triebspitze an einer Blattachse abgeschnitten werden. So verzweigt es sich rascher und bildet mehr Blätter aus. Basilikum ist frostempfindlich, daher sollten mehrjährige Sorten im Haus überwintert werden. Basilikum lässt sich durch Stecklinge vermehren. Hierzu einfach einzelne Triebe abschneiden und in ein Wasserglas stellen. Hier entwickeln sich nach einiger Zeit Wurzeln und die Triebe können in Erde gepflanzt werden.

Bärlauchsalz

Schon früh im Jahr beginnt bei mir die jährliche Vorfreude auf die ersten zarten Bärlauchblättchen, die nach und nach aus dem Boden sprießen. Den wunderbar lauchig-würzigen Geschmack, welcher stark an Knoblauch erinnert, will ich mir dann am liebsten sofort für das gesamte restliche Jahr konservieren. Das geht am einfachsten mit Salz oder aromatischer, vielseitiger Würzpaste.

ZUTATEN FÜR 2 GLÄSER À 200 ML

150 g frische Bärlauchblätter
300 g grobes Salz

SO GEHT'S

Die frischen Bärlauchblätter gründlich unter fließendem Wasser waschen und gut trockentupfen. Anschließend die Blätter und das Salz zusammen in einen leistungsstarken Mixer geben. Jetzt kann das Gemisch auf einem mit Backpapier ausgelegten Backblech verteilt und im Backofen getrocknet werden. Um Feuchtigkeit entweichen zu lassen, ist es wichtig, die Backofentür nicht ganz zu schließen. Hierzu einfach einen Kochlöffel aus Holz in die Ofentür klemmen. Nach ca. 2 Stunden im Ofen bei 60 °C ist das Salz vollständig getrocknet. Das Salz noch auf dem Backblech 1–2 Stunden vollständig abkühlen lassen, sodass sich später im Glas keine Feuchtigkeit bilden kann. Luftdicht aufbewahrt ist das Salz bis zu 2 Jahre haltbar.

BÄRLAUCH SELBER SAMMELN

Bärlauch findet man ab März oft an halbschattigen, feuchten und humosen Bachufern und am Boden vieler Laub-Mischwälder. Aber Achtung: Bärlauch lässt sich von Laien schnell mit Maiglöckchen oder Herbstzeitlosen verwechseln, welche sehr giftig sind. Vor dem Sammeln also am besten gut informieren.

Bärlauch-Würzpaste

ZUTATEN FÜR 1–2 GLÄSCHEN À 150 ML

150 g frische Bärlauchblätter
15 g Salz
150 ml neutrales Öl

SO GEHT'S

Alle Zutaten zusammen in einen leistungsstarken Mixer geben und für einige Minuten pürieren, bis eine feine Paste entsteht. Diese in sterilisierte, gut verschließbare Gläser füllen. Im Kühlschrank aufbewahrt ist die Bärlauch-Würzpaste bis zu 3 Monate haltbar. Ähnlich wie bei Pesto die Oberfläche der Paste nach Entnahme immer wieder erneut mit einer dünnen Schicht Öl bedecken.

Gemüse-brühpulver

Wenn ich eher aufwändig koche, freue ich mich über Kleinigkeiten wie ein selbstgemachtes Gemüsebrühpulver, welche vorbereitet im Kühlschrank oder Gewürzregal auf mich warten. So schreckt mich auch eine lange Zutatenliste nicht ab, ich kann spontan mit dem Kochen beginnen und verwende nur einwandfreie, hochwertige Zutaten.

ZUTATEN FÜR 2 GLÄSER A 150 ML

3–4 Zwiebeln
4 Karotten
1 kleinere Stange Lauch
½ Knollensellerie
100 g Petersilienwurzel
1 Handvoll frische Petersilie
180 g Salz

SO GEHT'S

Als Erstes den Backofen auf ungefähr 80 °C Umluft vorheizen. Dann geht es daran, das Gemüse zu waschen, zu schälen und klein zu schneiden. Anschließend kommen alle Zutaten zusammen in einen leistungsstarken Mixer. Jetzt kann das Gemisch auf einem mit Backpapier ausgelegten Backblech verteilt und im Backofen getrocknet werden. Um Feuchtigkeit entweichen zu lassen, ist es wichtig, die Backofentür nicht ganz zu schließen. Hierzu einfach einen Kochlöffel aus Holz in die Ofentür klemmen. Nach ca. 5–6 Stunden bei 80 °C im Ofen, besser aber über Nacht, ist das Gemüse vollständig getrocknet. Jetzt alles gut abkühlen lassen, zum erneuten, feineren Zerkleinern nochmals in den Mixer geben und anschließend in gut verschließbare, sterilisierte Gläser füllen. Das Gemüsebrühpulver ist bis zu 2 Jahre haltbar. Etwa 4 TL Gemüsebrühpulver reichen aus, um aus 500 ml kochendem Wasser eine schnelle, würzige Gemüsesuppe zu machen.

ZERO-WASTE-TIPP

Die geputzten und gewaschenen Gemüseschalen sind viel zu schade für den Kompost. Diese einfach in Wasser einmal aufkochen und anschließend etwas ziehen lassen. Die Schalen entnehmen, mit Gewürzen etwas abschmecken und als wärmende Suppe genießen.
Durch die Zugabe der Zwiebelschalen erhält die Suppe eine schöne braun-rote Farbe.

Gemüse-würzpaste

Ein Glas Gemüsewürzpaste im Kühlschrank zu haben, ist Gold wert. Im Winter eignet sie sich gut als Grundlage schneller, wärmender Gemüsesuppen und im Sommer verwende ich sie, verrührt mit etwas gutem Öl und einer zusätzlichen zerdrückten Knoblauchzehe, als Marinade für Grillfleisch, Gemüse oder Fetakäse. Auch herkömmliches Tomatenmark lässt sich beim Kochen gut durch die Würzpaste ersetzen.

ZUTATEN FÜR 2 GLÄSER A 250 ML

2 Schalotten
2 Knoblauchzehen
200 g Karotten
100 g Sellerie
100 g Spitzpaprika
100 g getrocknete Tomaten
1–2 Stängel Liebstöckel
1 Handvoll Blattpetersilie
2 braune Champignons
150 g Salz
2 EL neutrales Pflanzenöl

SO GEHT'S

Das Gemüse und die Kräuter waschen, schälen, wenn nötig von Kerngehäuse und Stielansätzen befreien und grob zerkleinern. Die Pilze putzen und grob zerkleinern. Alles zusammen für einige Minuten in einen leistungsstarken Mixer geben und zu einer einheitlichen Masse zerkleinern. Zum Schluss das Salz und 1 EL des neutralen Öls zugeben und nochmals gut durchmixen. Die Würzpaste in sterilisierte, gut verschließbare Gläser füllen und mit dem Rest des Öls die Oberfläche bedecken. Gut verschlossen hält sich die Paste dank des hohen Salzgehaltes im Kühlschrank bis zu 3 Monate.

GUT ZU WISSEN

Um die Haltbarkeit der Würzpaste nicht zu gefährden, sollte die Entnahme stets mit sauberem Löffel stattfinden. Um Schimmel an der Oberfläche zu vermeiden, diese einfach nach jeder Entnahme erneut mit einer dünnen Schicht Öl bedecken.

Selbstgemachtes Tomatenmark

Auch Tomatenmark ist etwas, was bei mir nie ausgehen darf. Kurz im Topf angebraten, rettet es jede noch so wässrige Tomatensoße. Tomatenmark aus den eigenen Gartentomaten ist geschmacklich unübertrefflich und aus meinem Vorratsschrank nicht wegzudenken.

ZUTATEN FÜR 2 KLEINE GLÄSER A 100 ML

1 kg sehr reife Fleischtomaten
20 g grobes Salz
neutrales Öl zum Bedecken

SO GEHT'S

Die Tomaten vom Strunk befreien, in Scheiben schneiden und in einer ofenfesten Form verteilen. Mit Salz bestreuen und für ungefähr 3 Stunden bei 200 °C Umluft in den Ofen geben. Dabei die Backofentür nicht ganz schließen – so kann die verdampfende Flüssigkeit besser entweichen. Hierzu einen Kochlöffel in die Tür klemmen. Der gesamte Inhalt der Form wird nun durch ein Küchensieb passiert. So werden Kerne und Schalen aufgefangen und können entfernt werden. Das übrig gebliebene, noch etwas flüssige Tomatenmark wird in einen mittelgroßen Topf gegeben und bei mittlerer Temperatur erneut etwas reduziert. So intensiviert sich der Geschmack und die Konsistenz kommt gekauftem Tomatenmark näher. Das entstandene Tomatenmark in sterilisierte, kleine, gut verschließbare Gläser füllen. Die Oberfläche des Marks mit einer sehr dünnen Schicht neutralen Öls bedecken. Im Kühlschrank aufbewahren und innerhalb 2–3 Wochen aufbrauchen. Für eine längere Haltbarkeit kann das Tomatenmark portionsweise in Eiswürfelformen eingefroren und bei Bedarf herausgenommen werden.

GUT ZU WISSEN

Für die Herstellung von Tomatenmark eignen sich Fleisch- oder Flaschentomaten besonders gut, z.B. die Tomatensorten 'San Marzano' oder 'Berner Rose'.

TOMATEN
-MARK

Kräuteressig

Übers Jahr verteilt setze ich je nach Kräuterernte immer wieder neue Flaschen Kräuteressig in den unterschiedlichsten Variationen an. In Kombination mit Senfkörnern und Knoblauch ist dieser hier mein Favorit und ein wahrer Alleskönner.

ZUTATEN FÜR 1 FLASCHE À 500 ML

10 etwas kleinere Salbeiblätter
2 Zweige Thymian
2 Zweige Rosmarin
1 EL flüssiger Honig
1 Knoblauchzehe
1 EL Senfkörner
milder Weißweinessig zum Auffüllen

SO GEHT'S

Die Kräuterzweige und -blätter in ein größeres, gut verschließbares Einmachglas schichten und mit Honig beträufeln. Die Knoblauchzehe schälen und zugeben und die Senfkörner einstreuen. Das Glas so bis zum oberen Rand mit Essig befüllen, dass alle Kräuter vollständig bedeckt sind. Das Glas gut verschließen und den Essig an einem kühlen Ort ca. 3 Wochen ziehen lassen. Anschließend durch ein feines Küchensieb filtern und in kleinere, sterilisierte und gut verschließbare Flaschen füllen. Dunkel und kühl gelagert hält der Essig sich bis zu 2 Jahre.

Würzöl

Das Würzöl nehme ich zum Anrühren vielerlei Dressings, zum Marinieren und Anbraten von Fleisch, Gemüse und Ofenkartoffeln oder aber ganz simpel zum Dippen von frischem, lauwarmem Baguette.

ZUTATEN FÜR 1 FLASCHE À 750 ML

1 Chilischote
1 Handvoll gemischte Kräuter (z. B. Rosmarin, Bohnenkraut, Oregano, Thymian)
2 Knoblauchzehen
750 ml hochwertiges, neutrales Pflanzenöl

SO GEHT'S

Als Erstes die Chilischote in kleine Stücke hacken. Soll das Würzöl später nur eine leichte Schärfe behalten, sollten die Kerne und weißen Seitenwände der Chilischote unbedingt entfernt werden. Die Kräuter sowie die Knoblauchzehen ebenfalls klein schneiden und alles zusammen in eine sterilisierte, gut verschließbare Glasflasche geben. Die Flasche bis kurz unter den oberen Rand mit Öl auffüllen und darauf achten, dass alle Kräuter und Gewürze komplett mit Öl bedeckt sind. Die Flasche schließen, für ca. 2 Wochen an einen kühleren, dunklen Ort stellen und dort ziehen lassen. Erst jetzt haben die Zusätze ihr Aroma ausreichend an das Öl abgegeben und das Öl kann filtriert werden. Das Öl ist bis zu 3 Monate haltbar.

GUT ZU WISSEN

Verwende für Würzöle unbedingt in ihrem Geschmack eher zurückhaltende Öle wie Sonnenblumen-, Raps-, Traubenkern- oder kaltgepresstes Olivenöl.

WÜRZ-
ÖL

Eingelegte Schnittlauchknospen

Ich freue mich jedes Mal aufs Neue, wenn die kleinen, zarten, lila Knospen am Schnittlauch heranwachsen und blühen. Wunderbar aromatisch und dank des Nektars leicht süßlich, werten sie jedes Butterbrot auf. Aus den noch ungeöffneten Knospen lässt sich ganz einfach Kapernersatz herstellen, der in Sauce Hollandaise oder aber als Salattopping verwendet werden kann. Anders als bei vielen anderen Kräutern ändert die Blüte am Geschmack des eigentlichen Schnittlauchröhrchens nichts.

ZUTATEN FÜR 1–2 KLEINE GLÄSCHEN À 100 ML

150 ml heller Kräuteressig
2 TL Bio-Honig
1 TL brauner Zucker
1 TL Senfsamen
1–2 Prisen Pfeffer
1 Handvoll frisch geerntete Schnittlauchknospen

GUT ZU WISSEN

Was hier mit Schnittlauchknospen funktioniert, schmeckt auch mit Bärlauchknospen echt lecker. In beiden Fällen gilt jedoch: Beim Sammeln immer nur so viel nehmen wie wirklich benötigt wird. Es müssen immer genügend Knospen an den Pflanzen verbleiben. Nur so haben diese auch die Chance, Blüten auszubilden.

SO GEHT'S

Zunächst wird der Essig mit Honig, Zucker, Senfsamen und etwas Pfeffer in einem mittelgroßen Topf aufgekocht. Die frischen Schnittlauchknospen auf kleinere, sterilisierte, gut verschließbare Gläschen verteilen und mit dem noch heißen Essigsud bis kurz unter den Rand aufgießen. Dunkel und kühl gelagert sollten die Gläschen vor dem Verzehr ca. 3–4 Wochen ziehen und sind anschließend bis zu 3 Monate haltbar.

Senfkaviar

ZUTATEN FÜR 2–3 KLEINE GLÄSCHEN À 100 ML

2 EL flüssiger Honig
2 EL brauner Zucker
100 ml Apfelessig oder milder Weißweinessig
80 g gelbe Senfsaat

SO GEHT'S

Zur Herstellung des Senfkaviars wird der flüssige Honig mit braunem Zucker und Apfel- oder Weißweinessig aufgekocht, bis sich der Zucker vollständig gelöst hat und die Flüssigkeit etwas reduziert ist. Dann werden die Senfkörner zugegeben und alles in gut verschließbare, kleine, sterilisierte Gläser gefüllt. Am besten man lässt die Gläschen gut verschlossen 1–2 Tage ziehen. So werden die Senfkörner weicher und die Schärfe weicht einer milderen Süße. Im Kühlschrank aufbewahrt ist der Senfkaviar bis zu 6 Monate haltbar und kann in Dressings, Soßen oder als Dip zu Käse gegessen werden.

TOMA

Einmal quer durchs Gartenjahr

Nahezu jeder Monat im Jahr hält saisonale kulinarische Besonderheiten für einen bereit. Im Frühjahr freue ich mich besonders über Bärlauch, Spargel und Rhabarber. Kaum ist da der erste Heißhunger gestillt, geht es auch schon mit Erdbeeren, Holunderblüten und verschiedensten Salatsorten weiter. Nähert sich dann der Herbst, werden allerlei Beeren, Tomaten, Gurken und Zucchini von Kürbissen, Pilzen und den ersten Wurzel- und Knollengemüsesorten abgelöst.

Passend zur jeweiligen Saison und deren Ernte fällt im Garten auch sonst einiges an Arbeit an. Im Frühjahr, wenn der Garten langsam aus seinem Winterschlaf erwacht und Beetplanungen in die Tat umgesetzt werden, ist es auch Zeit, sich über die nötige Bewässerung der Beete und Töpfe Gedanken zu machen. Ollas, also kleine Bewässerungstöpfchen, können jetzt ganz einfach selbst gemacht und in die Erde gesetzt werden. Auch Ohrenzwickerquartiere aus umgedrehten befüllten Pflanztöpfen finden jetzt ihren Weg in die besonders von Blattläusen heimgesuchten Gartenecken. Im Sommer werden Blüten sowie Kräuter geerntet, getrocknet und weiterverarbeitet. Hier entsteht dann die eigene Kräuterteemischung, das nächste Gesichtsdampfbad aus dem eigenen Garten oder ein gutes Kräutersalz. Von besonders rentablen Gemüsesorten, welche über das Jahr hinweg gute Erträge lieferten, kann nach der Ernte das eigene Saatgut gezogen werden. Im Herbst wird der Garten langsam auf den kommenden Winter vorbereitet und das neue, selbst zusammengebaute Palettenhochbeet aufgestellt und befüllt. Im Winter, wenn sowohl Gärtner als auch Garten sich etwas zurücklehnen können, werden bereits wieder die ersten Pläne fürs nächste Jahr geschmiedet.

Frühling

MÄRZ/APRIL/MAI

So schön der Winter auch ist, warte ich doch jedes Jahr aufs Neue sehnsüchtig auf den Frühling. Die Fensterbänke stehen voller kleiner, vorgezogener Pflänzchen, die es kaum erwarten können, ins Gewächshaus und ins Freie umzuziehen, das letzte Wintergemüse kann von den Beeten geräumt werden und das erste Frühjahrsgemüse reckt seine Köpfe, Stängel und Blätter in Richtung Sonne.

Gartenarbeiten im Frühling

März

- Ausgelegtes Laub wird von den Beeten entfernt, diese ggf. ausgebessert und mit neuer Erde und/oder Kompost aufgefüllt.
- Im Herbst neu aufgestellte Hochbeete können jetzt ebenfalls aufgefüllt werden.
- Erstes Frühlingsgemüse kann jetzt direkt ins Freiland ausgesät werden.
- Bei deutlichen Plustemperaturen wird der Wasserhahn im Freien wieder in Betrieb genommen.
- Regentonnen werden auf Schäden kontrolliert und aufgestellt.
- Im Herbst zusammengebundene Gräser können jetzt zurückgeschnitten werden, bevor sie neue Triebe ausbilden.
- Kartoffeln vorkeimen lassen.

GUT ZU WISSEN

Zwiebeln von Frühblühern wie Tulpen, Narzissen und Co. wandern von Jahr zu Jahr tiefer in die Erde, was es der Pflanze irgendwann unmöglich macht, an die Oberfläche zu gelangen. Daher am besten im Frühjahr nach der Blüte ausgraben. Locker gestapelt und gut belüftet verweilen sie den Sommer über im Keller, bis sie im Herbst wieder eingepflanzt werden können. Im darauffolgenden Frühjahr treiben sie dann erneut aus.

April

- Im Herbst abgebaute Rankhilfen und -gitter können wieder aufgebaut werden.
- Schnell keimende bzw. schnell wachsende, wärmeliebende Gemüsesorten wie beispielsweise Kürbisse jetzt noch auf der Fensterbank vorziehen.
- Anfang April Kartoffeln in Säcke setzen.
- Selbst vorgezogene Jungpflanzen bei deutlichen Plustemperaturen langsam an die Gegebenheiten im Freien gewöhnen.

Mai

- Verblühte Blütenstände von Tulpen, Narzissen und Co. werden abgeschnitten.
- Nach den Eisheiligen Mitte Mai die ersten Jungpflanzen ins Freie setzen.
- Automatische Bewässerungssysteme anschließen und Ollas in den Beeten vergraben.

Ernteliebline der Saison

BÄRLAUCH/RHABARBER/SPARGEL

Gebratener Knoblauch-Spargel mit Radieschen-Ei-Vinaigrette

Wenn es das Wetter zulässt, decke ich im April gerne schon draußen die Tafel. In den frühen Monaten im Jahr ist die Luft noch kühl, die Frühlingssonne hat an geschützten Plätzen im Garten jedoch schon enorme Kraft. Hier braucht es nicht viel mehr als ein paar flinke helfende Hände und ein Tablett voller Geschirr, um die ersten Sonnenstrahlen voll auszunutzen.

ZUTATEN FÜR 2 PORTIONEN

1 Bund grüner frischer Spargel
2 TL Knoblauchpaste (Rezept Seite 33)
2 Eier
1 Schalotte
2–3 kleinere Gewürzgurken
2–3 kleinere Radieschen
½ Handvoll Schnittlauch und Petersilie
1–2 TL Dillspitzen
50 ml Naturjoghurt
Salz und Pfeffer
1 Schuss heller, milder Essig

GUT ZU WISSEN

Springt ein Ei beim Kochen aus Versehen mal auf, läuft es schnell im kochenden Wasser aus. Durch Zugabe von etwas Essig im Kochwasser kann das verhindert werden. Der Essig beschleunigt die Gerinnung des Eiweißes, wodurch sich das Ei quasi von selbst wieder verschließt.

SO GEHT'S

Der grüne Spargel muss nicht geschält werden, die unteren, verholzten Enden sollten jedoch abgeschnitten werden. Jetzt kann der Spargel mit der Knoblauchpaste in einer größeren Pfanne unter mehrmaligem Wenden angebraten werden. Das dauert ca. 10 Minuten. Der grüne Spargel hat dünnere Stangen als der weiße und ist daher schneller gar. Jetzt kommen die Eier für ca. 7 Minuten in kochendes Wasser. Währenddessen die Schalotte schälen und Gurken, Radieschen, Schalotte und Kräuter klein schneiden. Der Joghurt wird mit Salz, Pfeffer und einem Schuss hellem Essig gewürzt und abgeschmeckt. Sind die Eier hartgekocht, werden diese kurz abschreckt und ebenfalls klein geschnitten. Locker mit den restlichen Zutaten vermischt, garniert der Eiersalat später den Knoblauchspargel auf dem Teller.

Grüner Spargel im eigenen Garten

Spargel kann im Frühjahr ab März ins Frühbeet oder Gewächshaus ausgesät werden. Spargel mag es im Beet eher sandig-humos, gut durchlässig und sonnig. Die starkzehrende Spargelpflanze benötigt viel Platz, um zu wurzeln, und muss regelmäßig von Unkraut befreit werden.

Bärlauch-Käsespätzle

Jedes Jahr halte ich beim ersten langen Frühjahrsspaziergang durch den Wald die Augen nach frischem Bärlauch offen. Der Frühjahrsbote schlechthin überschwemmt die Böden ganzer Waldabschnitte und taucht, so weit das Auge reicht, Bachufer in sanftes Grün. Schon beim Sammeln der saftig grünen Blätter steigt einem der herrliche, knoblauchartige Geruch in die Nase. Ein klassisches Gericht wie Käsespätzle bekommt mit Bärlauch eine ganz neue, frische Würze, die an Knoblauch erinnert.

ZUTATEN FÜR 2 PORTIONEN

250 g Mehl
150 ml Wasser
Salz
2 Eier
100 g frischer Bärlauch
100 g würziger Bergkäse
1 große Gemüsezwiebel
2 EL Mehl
Butter für die Pfanne
Röstzwiebeln und Kresse zum Servieren (optional)

SO GEHT'S

Das Mehl in eine Schüssel sieben und eine kleine Mulde in die Mitte drücken. Die Hälfte des Wassers und 1 TL Salz hineingeben und alles aus der Mitte heraus in das Mehl rühren. Jetzt das restliche Wasser, die Eier und den fein zerkleinerten Bärlauch zugeben, zu einem glatten Teig verrühren, bis dieser Blasen wirft, und ca. 15 Minuten ziehen lassen. Den Teig nun portionsweise durch eine Spätzlepresse in kochendes Salzwasser drücken. Die Spätzle können abgeschöpft werden, sobald sie beginnen an der Wasseroberfläche zu schwimmen. Den Käse reiben und die Zwiebel schälen und in feine Ringe schneiden. Diese mit Mehl mischen und in ausreichend Butter schmelzen. Zum Schluss die Spätzle zugeben, leicht mit anrösten und mit Käse bestreuen. Für einige Minuten in der heißen Pfanne schwenken, bis der Käse beginnt zu schmelzen. Am besten heiß und mit Röstzwiebeln und Kresse garniert anrichten.

Bärlauch im eigenen Garten

Bärlauch schätzt im Garten – wie auch in der freien Natur – halbschattige, jedoch warme Standorte. Der Boden sollte feucht und nährstoffreich sein. Saure Böden mag das Wildgemüse weniger. Ist der Boden im Garten also eher sauer, kann mit Kalk nachgeholfen werden.

Wegen der sehr langen Keimdauer von Bärlauch ist das Selbstaussäen eher schwierig. Besser werden vorkultivierte Jungpflanzen gekauft und direkt im Garten ausgesetzt. Bärlauch breitet sich bei optimalen Bedingungen schnell aus; will man dies verhindern, können einzelne Beete hierfür abgesteckt und Wurzelsperren eingebaut werden.

Rhabarber-Kräuter-Limonade

Eine frühlingshafte, leicht saure Limonade in der Hand und dabei die ersten Sonnenstrahlen im Garten genießen – so stelle ich mir den perfekten Start ins Frühjahr vor.

ZUTATEN FÜR 4–5 GLÄSER À 150 ML

4 Stangen Rhabarber
80 g Zucker
1 l Wasser
3 Zweige Minze
3 Zweige Zitronenmelisse
2–3 Blätter Salbei
2–3 Zweige Thymian
stilles Wasser/Mineralwasser
Eiswürfel

SO GEHT'S

Die Rhabarberstangen schälen und in kleinere Stücke schneiden. Zusammen mit Zucker und Wasser aufkochen und 1 Stunde leicht simmernd mit Deckel weiterköcheln lassen. Danach den Sud durch ein Sieb streichen und die Flüssigkeit auffangen. Jetzt die Kräuter zugeben und so nochmals 30 Minuten ziehen lassen. Die Kräuter abseihen, alles in 4–5 Gläser verteilen und mit Mineralwasser oder stillem Wasser und Eiswürfeln auffüllen.

Rhabarber im eigenen Garten

Rhabarber benötigt im Garten mindestens eine Fläche von einem Quadratmeter. Nur so kann er sich optimal ausbreiten. Rhabarber gehört zu den Stauden und braucht in seiner Hauptwachstumsphase viel Wasser und viele Nährstoffe. Geerntet wird erst im Folgejahr der Auspflanzung, wenn die Pflanze über genügend Blattwerk verfügt. Bei der Ernte werden einzelne Blätter in drehender Bewegung mit etwas Druck direkt am Ansatz herausgerissen und nicht geschnitten. Wer reichlich Rhabarberstängel ernten möchte, bricht die Blüte bereits im Ansatz aus. Jedoch ist diese bei Insekten sehr beliebt.

Im Herbst bekommt die Rhabarberpflanze gelbe Blätter und die Ruhephase beginnt. Die Staude ist winterhart und frostsicher. Im Gemüsebeet fühlt sich der Rhabarber beinahe neben jeder anderen Sorte wohl, Kohl, Kopfsalate und Spinat tun ihm sogar gut.

Bärlauchaufstrich mit Rettich

Die einfachsten Dinge sind bekanntlich die besten. Dieser Bärlauchaufstrich ist schnell zusammengerührt und wertet jedes Stückchen Brot auf.

ZUTATEN FÜR 4 PORTIONEN

35 g frischer Bärlauch (ca. 1 Handvoll)
150 g Frischkäse
55 g Fetakäse
1–2 TL gehobelter, frischer Rettich
1–2 Msp. schwarzer Pfeffer
optional etwas grobes Salz

SO GEHT'S

Den Bärlauch gut waschen und mit Hilfe eines Küchentuches trocken tupfen. Jetzt können alle Zutaten zusammen in einem leistungsstarken Mixer bis zur gewünschten Konsistenz püriert werden. In einem sauberen Glas, gut verschlossen, hält sich der Aufstrich im Kühlschrank ungefähr 2 Tage.

Rettich im eigenen Garten

Rettiche sind kleine Mimosen. Gießt man sie zu wenig, fangen sie schnell an zu schießen und werden scharf. Werden sie unregelmäßig bewässert, reißt die Oberfläche schnell ein. Um dem Rettich also eine gleichmäßige Bewässerung bieten zu können, sind beispielsweise Ollas (Seite 148) oder eine Mulchschicht auf den Beeten, welche die Erde darunter feucht hält, von Vorteil.

Pfannkuchen mit Spargel und Burrata

Pfannkuchen liebe ich schon seit meiner Kindheit. Früher eher mit süßem Belag, hat es der einfach herzustellende Eierkuchen heute auch mit herzhaftem Belag auf die Liste meiner absoluten Lieblingsessen geschafft. Spargel mit Bärlauch gepaart ist eine echte Offenbarung und braucht kaum weitere Zutaten, um als echte Geschmacksexplosion zu gelten.

ZUTATEN FÜR 3–4 Portionen

2 Eier
200 g Mehl
250 ml Milch
1 Prise Salz
neutrales Öl zum Ausbacken
1 Bund frischer grüner Spargel
2–3 TL Knoblauchpaste (Rezept Seite 33)
1 EL Bärlauchpesto (Rezept siehe Tipp)
1 TL Olivenöl
2–3 TL heller Balsamicoessig
3–4 Frischkäsekugeln (Burrata)
1 Handvoll gehackte Walnüsse
Kräuter zum Garnieren (optional)

SO GEHT'S

Eier, Mehl, Milch und Salz zu einem glatten Teig verrühren und als Pfannkuchen in einer größeren Pfanne in etwas neutralem Öl ausbacken. Die Menge an Teig ergibt ungefähr 7–8 Pfannkuchen. Die dickeren, trockenen Enden des Spargels abschneiden und die Spargelstangen ohne Schälen in etwas Knoblauchpaste anbraten. Für die Vinaigrette 1 El des Bärlauchpestos mit Öl und Essig verrühren. Die gebratenen Spargelstangen noch lauwarm mit je einer Burratakugel auf den Pfannkuchen platzieren, mit Bärlauchvinaigrette beträufeln und die gehackten Walnüsse und ggf. die Kräuter darüberstreuen.

BÄRLAUCHPESTO

1 Handvoll Bärlauchblätter, 30 g Parmesan, 1 EL Pinienkerne und 50 ml Olivenöl in einen leistungsstarken Mixer geben und einige Sekunden bis zur gewünschten Konsistenz zerkleinern.

Erdbeer-Schichtdessert im Glas

Wer wartet nicht auch sehnsüchtig auf die ersten Erdbeeren der Saison – bestenfalls sogar aus dem eigenen Garten? In meinem Garten wachsen an jeder noch so kleinen freien Stelle kleine, zuckersüße Wilderdbeeren. Sobald ich ihre Verstecke zwischen all den anderen Pflanzen entlarve, wird geerntet. Oft sind es nur ein paar Handvoll, die haben es jedoch in sich.

ZUTATEN FÜR 6–8 PORTIONEN

Saft einer halben Bio-Zitrone
500 g Mascarpone
125 g Naturjoghurt
100 g Zucker
2 Vanilleschoten
350 g Schlagsahne
600 g Erdbeeren
300 ml Orangensaft
20 ml Orangenlikör
350 g Cantuccini-Kekse

Erdbeeren im eigenen Garten

Erdbeeren mögen lockeren Boden und einen sonnigen, nur mäßig windgeschützten Standort. So können die Blätter nach Regenfällen rasch abtrocknen, und Krankheiten haben weniger Chancen.

Den meisten Ertrag liefern Erdbeerpflanzen erst 1–2 Jahre nach der eigentlichen Pflanzung. In der Mischkultur fühlen sich Erdbeeren beispielsweise neben Knoblauch oder Zwiebeln sehr wohl.

SO GEHT'S

Den Saft der halben Zitrone mit Mascarpone, Naturjoghurt, Zucker und dem Mark der Vanilleschoten verrühren und kühlstellen. Die Sahne steif schlagen und vorsichtig unter die Mascarponemasse heben. Die Erdbeeren waschen, den grünen Strunk entfernen und die Früchte in Scheiben schneiden. Den Orangensaft zusammen mit dem Orangenlikör in eine Schüssel geben und die Cantuccini darin kurz einweichen. Die Kekse dann in eine größere Auflaufform mit höherem Rand legen. Diese dann mit einer Schicht Mascarponecreme bestreichen. Auf diese folgt eine Schicht Erdbeerscheiben und erneut eine Schicht Creme. Das Schichtdessert für mindestens 2 Stunden kaltstellen und gekühlt servieren. Alternativ zur Auflaufform in Gläsern anrichten.

Spargelsuppe mit Brotbröseln

Steht bei mir frischer Spargel auf dem Speiseplan, gibt es mit Sicherheit am Tag darauf auch Spargelsuppe. Meine Spargelcremesuppe ist die perfekte Resteverwertung. Hier verwende ich von der Spargelschale über die holzigen Enden bis hin zum übrig gebliebenen Brot vom Vortag alles. Das eher lästige Schälen des weißen Spargels lässt sich leider auch hier nicht umgehen, jedoch steckt in den Schalen noch jede Menge tolles natürliches Aroma, welches viel zu schade für den Kompost ist.

ZUTATEN FÜR 3–4 PORTIONEN

1 Handvoll vorgegarte Spargelstangen vom Vortag + 750 g Spargelschalen und Endstücke
1 l Wasser
3–4 Brotscheiben vom Vortag
etwas Mehl zum Wälzen
1 Eigelb
Öl zum Anbraten
80 g Butter
50 g Mehl
250 g Sahne
Salz und Pfeffer
Muskat
Saft einer halben Zitrone

SO GEHT'S

Die Spargelschalen und Endstücke vom Vortag in 1 l Wasser kurz aufkochen und 1 Stunde bei mittlerer Hitze köcheln lassen.
In der Zwischenzeit die Brotscheiben vom Vortag zu Bröseln zerkleinern. Die bereits vorgegarten Spargelstangen erst in Mehl, dann im verquirlten Eigelb wälzen und in etwas Öl anbraten.
Den Spargelsud nun durch ein gröberes Sieb gießen und die Flüssigkeit auffangen. Mit Butter und Mehl eine Mehlschwitze herstellen und die Spargelflüssigkeit sowie die Sahne unter ständigem Rühren zugießen.
Mit Salz, Pfeffer, Muskat und Zitronensaft abschmecken. Die Spargelsuppe mit den Stangen garnieren und sofort heiß servieren.

Bunter Kräuter-Kartoffelsalat mit Hackbällchen

Lauwarmer Kartoffelsalat gepaart mit frischem grünen Spargel, würzigem Bärlauchpesto, saftigen kleinen Fleischbällchen und Kräuter-Crème-fraîche zum Dippen. Ein wunderbares Feierabendessen, welches bei uns gerne auch mal, herrlich unkompliziert, zusammen auf der Gartentreppe einfach aus der großen Schüssel gegessen wird.

ZUTATEN FÜR 2 PORTIONEN

2 Handvoll Drilling-Kartoffeln
Pflanzenöl
6 grüne Spargelstangen
½ Becher Crème fraîche
100 g Bärlauchpesto (Rezept Seite 65)
200 g Rinderhackfleisch
2 EL Paniermehl
milder, heller Essig
Kräuter und Microgreens zum Garnieren

SO GEHT'S

Die Kartoffeln gut waschen und in dünne Scheiben schneiden. Die Schale ist bei Drilling-Kartoffeln schön zart und kann ohne Bedenken mitgegessen werden. Die Kartoffelscheiben in etwas Öl in einer beschichteten Pfanne anbraten, bis sie eine leichte Bräune erhalten. Die grünen Spargelstangen putzen, längs aufschneiden und ebenfalls in etwas Öl anbraten. In der Zwischenzeit die Crème fraîche mit 50 g des Bärlauchpestos vermischen. Weitere 25 g des Pestos mit dem Hackfleisch und 2 EL Paniermehl mischen und kleine Kugeln formen. Diese werden einige Minuten bei mittlerer Hitze goldbraun angebraten Der Rest des Pestos wird mit etwas Essig und Öl zu einem Dressing vermengt. Die Kartoffeln wie auch den Spargel lauwarm mit dem Dressing vermengen und mit Hackbällchen, Crème fraîche, Kräutern und Microgreens garnieren.

Kartoffeln im eigenen Garten

Für kleine Gärten ist der Anbau von Kartoffeln im Sack eine echte Alternative zum herkömmlichen Beet. Ein größerer Jutesack mit einem Volumen von etwa 40 Litern ist schon ausreichend für 2–3 Pflanzen und lässt sich platzsparend an einem hellen Standort im Garten oder sogar auf der Terrasse aufstellen. Kartoffeln können ab März vorgekeimt und im April bereits in die Säcke gesetzt werden. Im Spätsommer, wenn die Blätter beginnen gelb zu werden und abzusterben, ist Zeit zu ernten.

Saftige Holunderblütenküchlein

Wenn die Temperaturen täglich zunehmen und die Sonne immer mehr an Kraft gewinnt, ist es nur noch eine Frage der Zeit, bis die kleinen weißen Blüten des Schwarzen Holunders gleich bei mir um die Ecke aufspringen. Allein der Duft, den der Strauch an lauen Frühsommerabenden verströmt, macht Lust auf deren Verarbeitung und Haltbarmachung.

ZUTATEN FÜR CA. 12 MUFFINS

TEIG

100 g Butter + etwas für die Form
250 g Mehl
2 TL Backpulver
2 Eier
150 g griechischer Joghurt
80 g brauner Zucker
60 ml Holunderblütensirup (Rezept Seite 187)

FRISCHKÄSEHAUBE

200 ml Sahne
200 g Frischkäse
60 g Puderzucker
Holunderblüten zum Garnieren

SO GEHT'S

Die Butter in einem kleinen Topf schmelzen, kurz abkühlen lassen und mit den restlichen Zutaten für den Teig zu einem glatten Teig verrühren. Die Mulden eines Muffinblechs gut einfetten und jeweils zu zwei Dritteln mit dem Teig füllen. Im vorgeheizten Backofen bei 180 °C Umluft für ca. 20 Minuten backen. Die Muffins anschließend gut auskühlen lassen, aus der Form stürzen und mit der Oberseite nach unten auf ein Gitter setzen.
Für die Frischkäsehaube die Sahne mit Hilfe eines Handmixers steif schlagen und für einige Minuten in den Kühlschrank stellen. Den Frischkäse mit dem Puderzucker gut verrühren und die Schlagsahne vorsichtig unterrühren. Die Creme in eine Spritztülle füllen und auf die vollständig ausgekühlten Muffins spritzen. Mit Holunderblüten garniert servieren.

Sommer

JUNI/JULI/AUGUST

Wenn der Sommer im Garten anbricht, können immer mehr Gemüse- und Obstsorten geerntet werden. Nun sind die Tage am längsten und den Pflanzen kann man regelrecht beim Wachsen zusehen. In dieser Zeit bin ich hauptsächlich mit Gießen und dem richtigen Lüften meines Gewächshauses beschäftigt. Spätestens jetzt ist auch an die Vorzucht von Wintergemüse zu denken.

Gartenarbeiten im Sommer

Juni

- Tomaten ausgeizen und mit einem Stab versehen.
- Regelmäßig auf Schädlinge und Krankheiten kontrollieren.
- Starkzehrer im Beet nachdüngen.
- Regelmäßiges Gießen nicht vergessen.

Juli

- Kräuter und Blüten zum Trocknen sammeln.
- Verblühte Blütenstände abschneiden oder zur wilden Selbstaussaat stehen lassen.
- Regelmäßig auf Schädlinge und Krankheiten kontrollieren.
- Wintergemüse im Gewächshaus vorziehen.
- Tomaten auf Braunfäule oder andere Krankheiten kontrollieren und befallene Pflanzenteile über den Hausmüll entsorgen.

August

- Kartoffeln und Zwiebeln ernten und lagern.
- Erstes Fallobst aufsammeln, bevor es am Boden zu schimmeln und gären beginnt.
- Saatgut gewinnen und aufbewahren.
- Erste abgeerntete Beete mit Wintergemüse auffüllen.

Ernteliebllinge der Saison

WILDE ERDBEEREN/ ZUCCHINI/ TOMATEN

Gurkensalat mit Schafskäse und Senfkaviar

Im Juni klettern die Temperaturen bereits ganz schön in die Höhe und die Lust auf warme Speisen geht deutlich zurück. Ein erfrischender, schnell gemachter Gurkensalat mit cremigen Schafskäsebröseln, aromatischem Dill und würzig scharfem Senfkaviar, dazu lauwarmes, krosses Knoblauchbrot – ein Gedicht!

ZUTATEN FÜR 4 PORTIONEN

2 Salatgurken
200 g Schafskäse in Salzlake
2 Schalotten
2–3 TL frische Dillspitzen
2 EL Olivenöl
2 EL Kapuzinerkresse-Essig (Rezept Seite 184) oder Weißweinessig
Salz und Pfeffer
1 TL Senfkaviar (Rezept Seite 48)

SO GEHT'S

Die Salatgurken längs halbieren, aushöhlen und in dünne Scheiben schneiden. Den Schafskäse kurz abtropfen lassen und mit den Fingern in kleine Stücke bröseln. Die Schalotten schälen und klein hacken. Gurken, Schafskäse, Dill, Schalotten, Olivenöl und Essig in eine größere Schüssel oder ein Glas geben und kräftig mit der bloßen Hand umrühren. Ist der Salat komplett mit Olivenöl und Essig benetzt, mit Salz und Pfeffer nachwürzen und zum Schluss je nach gewollter Schärfe und Würze ½–1 TL Senfkaviar unterrühren.

Gurken im eigenen Garten

Gurkenpflanzen gedeihen in direkter Nachbarschaft zu Dill, Bohnen oder Roter Bete. Tomaten und Kartoffeln dagegen sind nicht optimal. Gurken sind Starkzehrer, benötigen also nährstoffreiche, lockere Böden und stehen gerne geschützt und warm.

Geerntet werden können Gurken ab Ende Juni bei einer Länge von ungefähr 18–20 Zentimetern je nach Sorte. Es gibt Salat- bzw. Schlangengurken und Gewürz- oder Einlegegurken.

Gebräunte Mangoldpäckchen mit Grieß-Feta-Füllung und Nuss-Gremolata

Mangold mag ich besonders gerne, weil er so unglaublich wandelbar ist. Er schmeckt sowohl roh im Salat als auch gegart.

ZUTATEN FÜR 2 PORTIONEN MIT JE 4 PÄCKCHEN

1–2 Schalotten
1 TL Knoblauchpaste
(Rezept Seite 33)
etwas Öl
6 große EL Grieß
150 g Fetakäse
Salz und Pfeffer
1 Ei
8 größere Mangoldblätter
Öl zum Anbraten
3 EL gemischte Nüsse
1 Bund Blattpetersilie
1–2 Spritzer Zitronensaft
1 EL neutrales Öl

SO GEHT'S

Für die Grießfüllung die Schalotten schälen und in möglichst kleine Würfel schneiden. Diese zusammen mit der Knoblauchpaste in etwas Öl anschwitzen. Den Grieß und den Fetakäse zugeben, kurz umrühren, mit Salz und Pfeffer abschmecken und die Masse auskühlen lassen. Das Ei in einer Schüssel gut verquirlen, zu der abgekühlten Grießmasse geben und für einige Minuten durchziehen lassen.

Die Mangoldblätter waschen, putzen und von den langen Stielen befreien. Wasser mit etwas Salz zum Kochen bringen und die Blätter für 3 Minuten darin blanchieren, abgießen und voneinander getrennt auf einem Küchenbrett auslegen. 2–3 TL der Grießmasse im breiteren Teil der jeweiligen Blätter verteilen, die Blätter seitlich einschlagen und zu einer Rolle aufrollen. Etwas Öl in einer mittelgroßen Pfanne mit Deckel erhitzen, die Mangoldpäckchen hineinlegen und kurz scharf anbraten. Dann den Deckel auflegen und die Päckchen für weitere 25–30 Minuten bei geringer Temperatur garen.

Für die Gremolata Nüsse, Blattpetersilie, Zitronensaft und Öl in einen Mörser geben und kräftig durchmörsern. Die Zutaten sollten sich etwas miteinander verbinden, ohne ihre eigene Konsistenz zu sehr zu verlieren. Nach Ende der Garzeit die Mangoldpäckchen noch heiß mit der Gremolata bestreuen und gleich servieren.

Mangold im eigenen Garten

Wird der Mangold gleichmäßig gegossen und der Boden feucht gehalten, bleiben die Blätter besonders zart. Erntet man nur die äußeren Blätter, lässt also den mittleren Teil der Pflanze stehen, lässt der Mangold sich über mehrere Wochen ernten. Mangold bevorzugt einen sonnigen bis halbschattigen Standort.

Erdbeer-Sahne-Scones

Langsam beginnen die Temperaturen wärmer zu werden und hübsche kleine weiße Blüten werden an den Erdbeerpflanzen zu herrlich aromatischen Früchten. Diejenigen, die es nicht sofort in unsere Münder schaffen, werden dunkelrot geerntet und im Nu weiterverarbeitet. Die Erdbeer-Sahne-Scones sind schnell gemacht, schmecken wunderbar leicht und es bleibt genügend Zeit, den Garten zu genießen.

ZUTATEN FÜR CA. 8–10 STÜCK

375 g Mehl
75 g Zucker
2 TL Backpulver
115 g eiskalte Butter
2 Eier
150 ml Buttermilch
300 g frische Erdbeeren
1 EL Milch
200 g Sahne
200 g Puderzucker
3–4 TL Zitronensaft
1 Eiweiß

SO GEHT'S

Als Erstes alle trockenen Zutaten für den Teig miteinander vermischen. Die Butter direkt aus dem Kühlschrank in kleine Stücke schneiden und zusammen mit einem Ei, der Buttermilch und den vermischten trockenen Zutaten zu einem Teig verkneten. Den Teig für einige Minuten kaltstellen und währenddessen die Erdbeeren putzen, in kleine Stücke schneiden und ein Drittel zum späteren Belegen der Scones beiseitestellen. Die restlichen Erdbeeren vorsichtig unter den Teig heben und den Teig nochmals für mindestens 1 Stunde kaltstellen. Aus dem Teig 8–10 gleich große Kugeln formen, diese leicht andrücken und auf ein mit Backpapier belegtes Backblech setzen. Den Backofen auf 180 °C Ober- und Unterhitze vorheizen, ein Ei mit 1 EL Milch verquirlen und die Scones damit einpinseln. Die Erdbeerscones etwa 15 Minuten im Backofen backen, bis sie goldgelb sind, herausnehmen und auf einem Kuchengitter vollständig auskühlen lassen. Die Scones mittig aufschneiden, die Sahne steif schlagen und auf den Unterseiten verstreichen. Mit den beiseitegelegten Erdbeerstückchen belegen. Den Deckel wieder aufsetzen und den Puderzucker mit dem Zitronensaft und dem Eiweiß vermischen. Die fast fertigen Scones damit beträufeln und nochmals kurz trocknen lassen.

Bunter Karottensalat mit süßer Rote-Bete-Vinaigrette und geröstetem Sesam

Im Sommer freue ich mich auf knackige Salate, die gut vorzubereiten sind und kurz vor dem Essen nicht viel Aufwand bedeuten. Das Schöne an frisch geernteten eigenen Karotten sind in erster Linie der herrliche Duft und das tolle Aroma. Zudem können alle Teile der Karotte, auch das Karottengrün, im Salat ganz einfach verwendet werden.

ZUTATEN FÜR 2–3 PORTIONEN

1 Bund bunte Karotten
2 EL Rote-Bete-Chutney (Rezept Seite 193)
neutrales Öl
½ TL Knoblauchpaste (Rezept Seite 33)
Salz und Pfeffer
½ Bund Blattpetersilie
ca. 50 g Karottengrün
2–3 TL weißer Sesam

SO GEHT'S

Die Karotten schälen, in dünne Stifte hobeln oder in Stücke schneiden und beiseitestellen. Für die Vinaigrette das Chutney mit etwas Öl und der Knoblauchpaste verrühren und zu den gehobelten Karotten geben. Mit Salz und Pfeffer abschmecken. Die Blattpetersilie zusammen mit dem Karottengrün grob klein schneiden und unter den Salat heben. Eine beschichtete Pfanne erhitzen und den Sesam darin kurz anrösten. Den Salat auf Tellern verteilen und alles mit dem gerösteten Sesam bestreuen.

Karotten im eigenen Garten

Für den Anbau von Karotten bevorzuge ich persönlich ein Hochbeet oder einen tieferen Beetkasten mit Nagergitter. Hier sind die Wurzeln gut vor Wühlmäusen geschützt und die Beschaffenheit der Erde lässt sich besser steuern. Karotten benötigen einen lockeren Boden. Um den Überblick zu behalten, werden Karotten am besten in Reihen mit einem Abstand von etwa 20–30 Zentimetern gesät. Um die lange Keimdauer im Beet zu überbrücken und dieses nicht brachliegen zu lassen, bietet es sich an, Radieschen zwischen die Reihen zu pflanzen. Diese wachsen deutlich schneller und markieren zudem die Saatreihen der Karotten.

Spitzkohlquiche mit Speck

Frisch geernteter Spitzkohl schmeckt jetzt noch besonders zart. Gepaart mit fluffiger Eiermasse, jungem Gouda und etwas Speck, bildet er die Grundlage für eine einfache Quiche, die schnell einfach auf der Hand verputzt werden kann.

ZUTATEN FÜR EINE QUICHE

TEIG

300 g Mehl
150 g Quark
75 ml Milch
75 g Butter
¼ TL Salz
15 g Backpulver

BELAG

2 kleine Zwiebeln
Butter zum Anbraten
75 g Bauchspeck
1 kleinerer Spitzkohl
100 g geriebener Gouda
4 Eier
300 ml Sahne
Salz und Pfeffer
Muskat
1–2 EL Mehl

AUẞERDEM

etwas Butter und Mehl für die Quicheform

SO GEHT'S

Als Erstes eine Quicheform mit herausnehmbarem Boden mit etwas Butter einfetten, mit Mehl bestäuben und den Backofen auf 180 °C Ober-/Unterhitze vorheizen. Für den Quicheteig alle Zutaten gut miteinander verkneten und für 15 Minuten in den Kühlschrank stellen. Die Zwiebeln schälen. Den Bauchspeck und die Zwiebeln in kleine Würfel schneiden und in einer beschichteten Pfanne kurz in etwas Butter leicht anbraten, ohne den Zwiebeln zu viel Farbe zu geben. Die äußeren Blätter des Spitzkohls entfernen, diesen in dünne Streifen schneiden und zu Speck und Zwiebeln in die Pfanne geben. Alles etwas zusammenfallen lassen und einige Minuten bei mittlerer Hitze und geschlossenem Deckel anschwitzen. Währenddessen den Teig aus dem Kühlschrank nehmen, kurz durchkneten, mit den Händen in der Quicheform verteilen und einen Rand hochziehen. Den Teigboden mit einer Gabel einige Male einstechen und die Hälfte des geriebenen Goudas darauf verteilen. Eier und Sahne in einer Schüssel verquirlen und mit Salz, Pfeffer und etwas Muskat würzen. Den Spitzkohl in der Pfanne mit Mehl bestäuben und die Eiermasse darübergießen. Alles kurz durchrühren und auf den bereits mit Käse bestreuten Teigboden geben. Alles gleichmäßig verteilen und den restlichen geriebenen Käse daraufgeben. Die Quiche für 40 Minuten in den Ofen geben, kurz auskühlen lassen und noch lauwarm genießen.

Johannisbeer-Tarte mit Baiser

Den meisten sind Johannisbeeren zu sauer, um sie einfach so vom Strauch zu naschen. Warum also nicht die milde Säure ausnutzen und in einer einfachen Tarte mit süßem Baiser-Häubchen bedecken?

ZUTATEN FÜR CA. 8–10 STÜCK

TEIG

150 g Butter + etwas für die Form
100 g brauner Zucker
2 Eigelb
280 g Mehl

BELAG

300 g frische Johannisbeeren
2 EL brauner Zucker
2 Eiweiß
80 g Zucker

SO GEHT'S

Für den Teig die Butter mit dem Zucker und den Eigelben cremig rühren. Das Mehl hinzufügen und zu einem glatten Teig kneten. Diesen anschließend für mindestens 1 Stunde kühlstellen. Den Backofen auf 180 °C Ober-/Unterhitze vorheizen, den Teig rechteckig dünn auswellen und in einer mit etwas Butter gefetteten Tarteform auslegen. Die Johannisbeeren gründlich waschen, von den Stielen befreien, in einer Schüssel mit braunem Zucker mischen und 10 Minuten ziehen lassen. Die Eiweiße zusammen mit dem Zucker sehr steif schlagen und den so entstandenen Eischnee vorsichtig in eine Spritztülle umfüllen. Die Johannisbeer-Zucker-Mischung löffelweise auf die mit Teig ausgelegte Tarteform geben und etwas glattstreichen. Mit der Spritztülle kleine Häubchen auf die Johannisbeeren spritzen. Die Tarte für ca. 30–40 Minuten im Ofen backen, bis das Baiser beginnt, leicht braun zu werden.

Johannisbeersträucher im eigenen Garten

Johannisbeeren benötigen einen nährstoffreichen Boden und bevorzugen sonnige bis halbschattige Standorte. Geerntet werden kann ab Ende Juni. Die Beeren nehmen etwas an Säure ab, je länger man sie am Strauch hängen lässt. Als natürliche Düngezugabe eignet sich Brennnesseljauche.

Lauwarmer Tomatenbrotsalat mit Bohnen und Mozzarella

Auf die eigenen Tomaten aus dem Garten freue ich mich jedes Jahr wieder aufs Neue ganz besonders. Von der Aussaat bis zum eigentlichen Ernten dauert es nahezu die gesamte Gartensaison über, der Aufwand lohnt sich aber allemal. Die eigenen Tomaten lassen sich schnell zu einem leckeren Brotsalat verarbeiten und, in Gläser geschichtet, auch super mitnehmen.

ZUTATEN FÜR 4 PORTIONEN

SALAT

200 g frische grüne Bohnen
500 g Tomaten
1–2 rote Zwiebeln
½ Stangenbaguette
1 Knoblauchzehe
3 EL Butter
10–12 Mini-Mozzarellakugeln

DRESSING

50 ml heller Balsamicoessig
50 ml Olivenöl
1 Prise Zucker
Salz und Pfeffer

Tomaten im eigenen Garten

Tomaten mögen im Beet in Gesellschaft von Basilikum, Kopfsalat, Knoblauch, Radieschen, Kapuzinerkresse und Möhren. Tomaten sind Starkzehrer und mögen somit nährstoffreiche, lockere Erde. Sie reagieren äußerst empfindlich auf Staunässe und bevorzugen einen warmen und geschützten Standort. Tomatenpflanzen sollten stets von unten gegossen werden, da feuchte, zu langsam abtrocknende Blätter Braunfäule begünstigen.

SO GEHT'S

Die grünen Bohnen putzen, in mundgerechte Stücke schneiden und für ca. 12 Minuten in einem Topf mit kochendem Wasser garen und anschließend mit eiskaltem Wasser abschrecken – so behalten die Bohnen ihre schöne grüne Farbe. Die Tomaten waschen, ebenfalls in mundgerechte Stücke schneiden und zu den grünen Bohnen in eine Schüssel geben. Die roten Zwiebeln schälen, in Ringe schneiden und alles zusammen in eine große Schüssel geben. Das Baguette erst in Scheiben und dann in Würfel schneiden. Die Knoblauchzehe schälen, zerdrücken und mit der Butter in einer Pfanne erhitzen. Die Brotwürfel darin knusprig anbraten, bis sie die Butter vollständig aufgesogen haben, und sofort zu den Bohnen- und Tomatenstücken in die Schüssel geben. Alle Dressing-Zutaten verrühren, ebenfalls in die Schüssel geben und gut vermengen. Zum Schluss den Mozzarella unterheben und den Salat noch lauwarm servieren.

Geröstete Tomatensuppe mit Kräutern

Tomaten sind echte Multitalente, und Rezepte mit ihnen gibt es nahezu unendlich viele. Eines der einfachsten ist da wohl die klassische Tomatensuppe. Gibt man die Tomaten vorher mit etwas Öl in den Backofen, entfalten sie ihr volles Aroma und aus dem Klassiker wird eine echte Geschmacksexplosion. Getoppt mit frischen Kräutern und einem Klecks Crème fraîche das perfekte Mittagessen im Sommergarten.

ZUTATEN FÜR 4 PORTIONEN

1 kg reife Tomaten
2 Schalotten
2 TL grobes Salz
4–5 EL Olivenöl
2–3 TL Knoblauchpaste (Rezept Seite 33)
1 Zweig Rosmarin
1 Zweig Thymian
500 ml Gemüsebrühe
10 Blätter Basilikum
Crème fraîche und Sesamsamen zum Anrichten

SO GEHT'S

Größere Tomaten in Scheiben schneiden; Cocktailtomaten können ganz belassen werden. Die Schalotten schälen und vierteln. Tomaten und Schalotten in eine Schüssel geben, mit Salz bestreuen und mit Öl und Knoblauchpaste vermengen. Alles zusammen in eine Auflaufform geben, die Kräuterzweige dazulegen und für ca. 30 Minuten im vorgeheizten Backofen bei 200 °C Ober-/Unterhitze backen. Bei Bedarf in den letzten 10 Minuten auf Grillfunktion umschalten. Anschließend den kompletten Inhalt bis auf die Kräuterzweige und ein paar einzelne kleinere Tomaten in einen Mixer geben. Hier unbedingt auch den entstandenen Sud mitverwenden. Alles gut durchmixen und mit Gemüsebrühe auffüllen. Die Suppe in einen größeren Topf füllen und bei mittlerer Hitze 20 Minuten köcheln lassen. In den letzten 1–2 Minuten die restlichen, ganzen Tomaten in die Suppe geben, diese auf Teller verteilen und jeweils mit Basilikum, einem Klecks Crème fraîche und Sesamsamen garnieren

Sommerliche Mini-Kirsch-Clafoutis

Clafoutis – das ist meiner Meinung nach die perfekte Mischung aus süßem Auflauf und herkömmlichem Obstkuchen. Noch lauwarm ist er kurz nach dem Backen eine echte Offenbarung und die perfekte mittägliche Unterbrechung im Garten.

FÜR 7–8 KLEINE, OFENFESTE DESSERTFÖRMCHEN

ca. 200 g Süßkirschen
(frisch oder aus dem Glas)
25 g Butter + etwas für die Förmchen
100 g Mehl
2 Eier
50 g Zucker
Mark einer Vanilleschote
175 ml Milch
Puderzucker

SO GEHT'S

Zunächst die frischen Kirschen entkernen oder die Kirschen aus dem Glas gut abtropfen lassen, den Backofen auf 200 °C Umluft vorheizen und kleine, ofenfeste Förmchen mit etwas Butter einfetten. Jetzt das Mehl, die Eier, den Zucker und das Vanillemark zu einem glatten Teig rühren und die Milch schlückchenweise zugeben. Den Teig bis etwa zur Hälfte in die kleinen Förmchen füllen und jeweils 3–4 Kirschen obenauf setzen und leicht eindrücken. Die kleinen Clafoutis ungefähr 30 Minuten goldbraun backen, nach kurzer Abkühlzeit mi etwas Puderzucker bestreuen und noch frisch genießen.

Herbst

SEPTEMBER/OKTOBER/NOVEMBER

Spätestens jetzt, wenn der Sommer in seinen letzten Zügen und der Herbst in seinen zaghaften Anfängen ist, beginne ich, mich auf die schöne Zeit des Einmachens und Einkochens vorzubereiten.

Gartenarbeiten im Herbst

September

- Die ersten Blumenzwiebeln stecken für eine reiche Blüte im nächsten Frühjahr.
- Rasen mähen und, falls nötig, nachsäen.
- Frühbeete vorbereiten.

Oktober

- Tomaten vollständig abernten und grüne Tomaten im Hausinneren nachreifen lassen.
- Saatgut von den eigenen Pflanzen für die nächste Saison gewinnen.
- Frühbeete aufstellen oder Frühbeetaufsätze anbringen.
- Topfpflanzen mit Kälte- und Frostschutz versehen oder im Inneren des Hauses überwintern.
- Beetbewässerungshilfen wie Ollas etc. aus den Beeten entfernen – diese können bei schnell fallenden Temperaturen platzen.
- Laub zusammenrechen und in ruhigeren Gartenecken in Häufchen liegen lassen – Igeln dient dies als willkommener Unterschlupf.

November

- Hochbeete aufstellen und mit Erde befüllen – so können sich die gröberen Schichten im Inneren bis zum nächsten Frühjahr zersetzen.
- Vor dem ersten Frost das Wasser an Wasserhähnen im Freien unbedingt rechtzeitig abstellen.
- Jetzt im November nochmals Rasen mähen, düngen, Laub entfernen und liegengebliebenes Fallobst entfernen.
- Erstes Wintergemüse ernten und richtig einlagern.

Erntelieblinge der Saison

Wurzel- und Knollengemüse/ verschiedene Kohlsorten/Äpfel/ Birnen/Hagebutten/verschiedene Beerensorten/Hasel- und Walnuss

SCHMALZ

Rustikale Griebenschmalzschnitten

ZUTATEN FÜR 1 GLAS À 250 ML

500 g durchwachsener grüner Schweinerückenspeck
½ Apfel
1 Zwiebel
1 TL Salz

Könnte etwas besser auf frisches rustikales dunkles Baguette passen als selbstgemachtes Griebenschmalz? Verfeinert mit einer guten Portion frisch geernteter Äpfel und Zwiebeln aus dem Garten wird die kleine Brotzeit zur leckeren Vorspeise. Die sogenannten „Grieben" entstehen beim Auskochen des Fettes ganz von alleine.

SO GEHT'S

Den Schweinespeck in kleine Würfel schneiden, in einen mittelgroßen Topf geben und bei mittlerer Hitze unter gelegentlichem Rühren langsam erhitzen. Ist das Fett komplett ausgetreten, die Grieben weiterköcheln lassen, bis sie leicht gebräunt sind. Das Fett durch ein Sieb streichen, die Grieben auffangen und beiseitestellen. Den Apfel und die Zwiebel schälen, den Apfel vom Kerngehäuse befreien und beides in sehr feine Würfel schneiden. Etwas Fett in einer beschichteten Pfanne erhitzen, Apfel und Zwiebel zugeben und leicht bräunen. Die Grieben zugeben und kurz mit anschwenken. Die Griebenmischung zurück zum restlichen Fett geben, Salz zugeben und alles in ein sauberes, gut verschließbares Glas geben. Im Kühlschrank gelagert ist das Schmalz ungefähr 1 Monat haltbar.

GUT ZU WISSEN

Für Griebenschmalz ist am besten „grüner" Schweinespeck geeignet. Dies bezeichnet frischen, unbehandelten Rückenspeck. Das fertige Griebenschmalz schmeckt nicht nur als feiner Aufstrich aufs Brot, sondern kann auch zum Braten verwendet werden und verleiht so eine besonders deftige Note.

Schnelle Zucchinibandnudeln mit Fenchel

Sobald im Garten die ersten Zucchini und Fenchelknollen reif sind, gibt es bei uns dieses wunderbar einfache Nudelgericht. Cremige Sahnesoße, mit würzigem Parmesan verfeinert, dazu in Knoblauch geschwenktes Gemüse und frische Bandnudeln.

Zucchini im eigenen Garten

Zucchini sind kälteempfindlich; ich ziehe sie daher im Haus vor und pflanze sie als eine der letzten Sorten erst Anfang Juni ins Freie. Die Zucchinipflanze braucht einen lockeren, humosen Boden und einen sonnigen bis halbschattigen Standort. Zucchini sind Starkzehrer und benötigen für eine reichliche Fruchtausbildung viel Wasser und regelmäßige Düngezugaben. Zu wenig Wasser führt schnell zu missgebildeten, bitteren Früchten. Perfekte Beetpartner sind Kopfsalate, Zwiebel, Basilikum oder Kapuzinerkresse.

ZUTATEN FÜR 2 PORTIONEN

250 g Bandnudeln
1–2 Schalotten
1 mittelgroße Fenchelknolle mit Fenchelgrün
1 kleinere Zucchini
etwas neutrales Öl zum Andünsten
½ TL Knoblauchpaste (Rezept Seite 33)
100 g Parmesankäse
100 ml Sahne
Salz und Pfeffer

SO GEHT'S

Die Bandnudeln nach Packungsanleitung zubereiten. Die Schalotten schälen. Die Fenchelknolle, die Zucchini und die Schalotten in mundgerechte Stücke schneiden und das Fenchelgrün für später beiseitelegen. Das Gemüse und die Schalotten für einige Minuten in etwas Öl andünsten, die Knoblauchpaste zugeben, alles großzügig mit Parmesan bestreuen und gut umrühren. Zum Schluss mit Sahne ablöschen und mit Salz und Pfeffer abschmecken. Die fertigen Bandnudeln mit in den Topf geben, nochmals gut umrühren und mit Fenchelgrün bestreut servieren.

Kleine Birnen-Quark-Gratins

Im Sommer spielt sich unser Leben im Garten ab und es bleibt wenig Zeit, in der Küche zu stehen. Da zählen vor allem Nachtische, die gut vorzubereiten sind, nicht viele Zutaten benötigen und sich schnell zubereiten lassen. Fruchtige Birne trifft hier auf luftige Gratinmasse.

ZUTATEN FÜR 4 PORTIONEN

3 Eigelb
50 g brauner Zucker
80 g Quark
80 g Mascarpone
Fett für die Förmchen
1–2 kleinere Birnen
Puderzucker zum Bestreuen

SO GEHT'S

Die Eigelbe mit dem Zucker schaumig aufschlagen und den Quark wie auch den Mascarpone unterheben. 4 kleine Gratin-Schälchen leicht einfetten und die Masse jeweils bis kurz unter den Rand einfüllen. Die Birnen gründlich waschen, das Kerngehäuse entfernen und die Früchte in dünne Scheiben schneiden. Diese werden in die noch flüssige Gratinmasse gesteckt. Die Mini-Gratins für ca. 10 Minuten bei 200 °C Umluft im vorgeheizten Backofen backen. Vor dem Servieren großzügig mit Puderzucker bestreuen.

Selleriebrotaufstrich mit Apfel

Knollensellerie wurde bei uns lange verschmäht und nur in Verbindung mit Suppengrün verarbeitet. Als cremiger Aufstrich feiert er nun jedoch seine Rückkehr auf die Teller und auch in den Garten.

ZUTATEN FÜR CA. 8 PORTIONEN

300 g Knollensellerie
Salz und Pfeffer
100 g Walnusskerne
1 kleinerer Apfel
100 g Parmesan
1–2 kleine Stängel Thymian
50 g neutrales Öl
frisch geriebene Muskatnuss

SO GEHT'S

Den Knollensellerie schälen, in kleine Stücke schneiden und in einem Topf mit Salzwasser 15 Minuten garkochen. Hier darauf achten, dass die Selleriestücke gerade so mit Wasser bedeckt sind. Währenddessen die Walnusskerne kurz in einer Pfanne bräunen und den Apfel von Schale und Kerngehäuse befreien und in Stücke schneiden. In eine Schüssel geben. Die vollständig abgekühlten Selleriestücke und die Walnusskerne zum Apfel geben, Parmesan, Thymian und Öl hinzufügen und alles kurz pürieren. Mit Salz, Pfeffer und Muskatnuss abschmecken und zu geröstetem Baguette servieren.

Sellerie im eigenen Garten

Sellerie gedeiht am besten in nährstoffreichen Böden und bevorzugt geschützte, sonnige bis halbschattige Standorte. Knollensellerie kann das ganze Jahr über im Beet verbleiben und direkt vor Verarbeitung oder spätestens vor den ersten Frösten geerntet werden. Knollensellerie eignet sich gut für die Lagerung. Das Grün sollte dazu jedoch entfernt werden.

Grüne Kürbisgalettes mit Sesam

Wenn die ersten Kürbisse im Garten geerntet werden können, wird es Zeit für eine leckere buttrige Kürbisgalette. Simple, frische Zutaten und eine kurze Backzeit machen die Galettes zum perfekten schnellen Hauptgericht im Herbst.

ZUTATEN FÜR 2 GALETTES

TEIG

300 g Mehl
1 Ei
150 g Butter
2–3 EL Milch

BELAG

1 Handvoll Basilikumblätter + etwas zum Garnieren
200 g Crème fraîche
Salz und Pfeffer
½ kleiner Hokkaidokürbis
1 Ei
2–3 EL Sesam

Kürbis im eigenen Garten

Kürbisse sind Starkzehrer und benötigen eine gute Nährstoffversorgung. Sie sind sehr frostempfindlich, haben jedoch eine relativ lange Kulturdauer. Am besten werden sie also ab April auf der Fensterbank vorgezogen. Anders als bei den meisten anderen Gemüsesorten ist die Vorzucht von Kürbispflanzen in Anzuchterde nicht optimal, da schon als Jungpflanze der Bedarf an Nährstoffen extrem hoch ist. Daher eignet sich schon zu Anfang ausgereifter Kompost am besten. An warmen, sonnigen Standorten und bei genügend Nährstoffzufuhr kann je nach Sorte zwischen Juli und Oktober geerntet werden.

SO GEHT'S

Den Backofen auf 180 °C Umluft vorheizen. Für den Teig das Mehl, das Ei, die Butter und die Milch verkneten und 1 Stunde kaltstellen. In der Zwischenzeit die Basilikumblätter sehr klein schneiden, unter die Crème fraîche mischen und mit Salz und Pfeffer abschmecken. Den Teig in zwei Portionen teilen und auf einer bemehlten Arbeitsfläche jeweils rund auswellen. Den Hokkaidokürbis vierteln. Die Kerne entfernen und den Kürbis in dünnere Spalten schneiden.
Die Teiglinge mit der Kräuter-Crème-fraîche bestreichen, die Hokkaidospalten fächerartig auflegen und dabei den Teigrand auslassen. Diesen anschließend nach innen klappen, mit dem verquirlten Ei bestreichen und mit Sesam rundum bestreuen. Die Galettes für ca. 20 Minuten in den Ofen schieben. Nach kurzem Abkühlen nochmals mit Basilikum bestreuen und am besten lauwarm genießen.

Apfel-Hefezopf

Ein klassischer, guter Hefezopf passt auf jeden Kaffeetisch. Erst recht als gefüllte Variante mit würzigen Zimtäpfeln.

ZUTATEN FÜR 1 GROßEN ZOPF

TEIG

75 g Butter
250 ml Milch
½ Würfel Hefe
500 g Mehl
65 g brauner Zucker
½ TL Salz
1–2 Prisen Kardamom

FÜLLUNG

100 g Butter
200 g geriebene Äpfel
1 TL Zimt
1 EL brauner Zucker

AUßERDEM

1 Ei + etwas Milch und Hagelzucker zum Bestreuen

SO GEHT'S

Für den Teig zunächst die Butter in einem kleineren Topf schmelzen. Dann die Milch zugeben und alles auf ca. 37 °C erwärmen, die Hefe zugeben und langsam darin auflösen. Mehl, Zucker, Salz und Kardamom in eine größere Schüssel sieben, die Hefe-Milch-Mischung zugeben und einige Minuten gut kneten. Den Teig nun abgedeckt an einem warmen Ort 2 Stunden ruhen lassen. Zu Ende der Gehzeit kann die Füllung vorbereitet werden. Auch hier wird die Butter geschmolzen, alle restlichen Zutaten untergemengt und die Masse zum Erkalten einige Minuten beiseitegestellt. Der Hefeteig ist bereit zur weiteren Verarbeitung, wenn er sich mindestens verdoppelt hat. Der Teig wird relativ dünn rechteckig ausgewellt, komplett mit der ausgekühlten Apfelfüllung bestrichen und längs aufgerollt. Für den späteren Zopf die große Rolle in drei etwa gleich dicke Stränge schneiden und gleichmäßig ineinanderflechten. Zum Schluss mit einem verquirlten Ei und etwas Milch bestreichen und mit Hagelzucker bestreuen. Für etwa 40 Minuten im Backofen bei 180 °C Umluft backen. Am besten schmeckt der Zopf natürlich noch lauwarm.

Birnen-Aperitif mit Rosmarin

Wenn das Wetter im November langsam ungemütlich wird, die Beete abgedeckt werden, im Gewächshaus nur noch Wintergemüse übrig bleibt und der erste Schnee fällt, machen wir es uns manchmal mit Decken, einem kleinen Feuer und einem heißen Gläschen Birnenglühwein in einer geschützten Ecke im Garten gemütlich.

ZUTATEN FÜR 4 GLÄSER

400 ml Weißwein
400 ml Birnendirektsaft
1 Vanilleschote
4 Zimtstangen
4 Sternanis
3 Nelken
2–3 frische Stängel Rosmarin
40 ml Birnenlikör

SO GEHT'S

Alle Zutaten bis auf den Birnenlikör in einem mittelgroßen Topf langsam erhitzen. Wenn möglich, nicht aufkochen lassen, sonst verdampft der Alkohol. Zum Schluss den Likör zugeben, alles durch ein Sieb geben, um die Kräuter und Gewürze zu entfernen, und noch heiß auf 4 Gläser verteilen.

ZUM VERSCHENKEN

Um den Glühwein zu verschenken, die Flüssigkeit noch heiß in saubere, gut verschließbare Flaschen füllen. Dank des Alkoholgehalts ist der Glühwein verschlossen einige Wochen haltbar.

Selbstgemachte Nudeln mit Rosenkohlfüllung

ZUTATEN FÜR 2–3 PORTIONEN

TEIG

150 g Hartweizengrieß
150 g Weizenmehl
150 ml Wasser
1 EL Olivenöl
½ TL Salz

FÜLLUNG

200 g Rosenkohl
Salz und Pfeffer
1–2 EL neutrales Öl
50 g Walnusskerne
1 ½ TL Knoblauchpaste
(Rezept Seite 33)
75 g Parmesan
1 TL Zitronensaft

AUSSERDEM

gebräunte Butter und
Parmesan zum Servieren

SO GEHT'S

Für den Nudelteig werden Grieß, Mehl, Wasser, Öl und Salz in einer größeren Schüssel zu einem Teig verknetet. In Frischhaltefolie oder einem luftdichten Behälter darf der Teig anschließend für etwa 1 Stunde ruhen.
In der Zwischenzeit kann die Füllung zubereitet werden. Hierzu den Rosenkohl putzen, waschen und in kochendem Salzwasser für ungefähr 10–15 Minuten garkochen. Den Rosenkohl in einem Sieb gründlich abtropfen lassen und in etwas Öl scharf anbraten. Die Walnusskerne zugeben und kurz mitbräunen. Beides abkühlen lassen, zusammen mit den restlichen Zutaten in einen leistungsstarken Mixer geben und bis zur gewünschten Konsistenz zerkleinern. Den Teig dünn auswellen und mit Hilfe eines Trinkglases oder eines runden Ausstechers kleine Kreise mit einem Durchmesser von etwa 4–7 Zentimetern ausstechen. Jeweils ½ TL Füllung in die Mitte eines jeden Teigkreises platzieren, den Teig leicht mit Wasser einpinseln, den Teigkreis in der Hälfte zusammenklappen und gut mit den Fingerspitzen andrücken. Eine an Tortellini erinnernde Form entsteht, indem man die Enden der Teiglinge zusammendrückt. Abschließend einen großen Topf mit Salzwasser zum Kochen bringen und die selbstgemachten, gefüllten Nudeln darin kochen, bis sie beginnen, an der Oberfläche zu schwimmen. Dies dauert etwa 5–7 Minuten. Am besten noch heiß und mit etwas gebräunter Butter und mit zusätzlichem Parmesan bestreut servieren.

Sahnedessert mit Kürbis-Gewürz-Sirup

Ein feines, sahniges Dessert mit süß-herbem Sirup ist genau das Richtige für regnerische Herbsttage. Einmal gekocht, kann man den Sirup gut einige Wochen im Kühlschrank aufbewahren und sogar Kaffeespezialitäten damit garnieren.

ZUTATEN FÜR 4 DESSERTFÖRMCHEN

KÜRBISSIRUP

ca. 250 g Kürbis
300 ml Wasser
300 g brauner Zucker
Mark einer Vanilleschote
1–2 TL Zimt
¼ TL gemahlener Ingwer
1–2 Prisen Muskat
1 Prise Piment
2 ganze Nelken

SAHNEDESSERT

250 ml Sahne
50 g Zucker
4 EL brauner Zucker
3 Eigelb
1 Msp. Zimt
1 Msp. Muskatnuss

SO GEHT'S

Den Hokkaidokürbis entkernen, in dünnere Spalten schneiden und auf ein mit Backpapier ausgelegtes Backblech legen. Im Backofen bei 180 °C Umluft 40–50 Minuten garen, gut abkühlen lassen und anschließend fein pürieren. Für das Sahnedessert die Sahne mit dem Zucker, den Eigelben und den Gewürzen gut verrühren und alles in vier hitzebeständige Dessertförmchen füllen und im Wasserbad wieder bei 180 °C 40–50 Minuten stocken lassen. Beginnt die Oberfläche der Creme braun zu werden, am besten die Förmchen für den Rest der Backzeit mit Alufolie abdecken. Für den Sirup in der Zwischenzeit Wasser und Zucker in einen mittelgroßen Topf geben und bei mittlerer Hitze köcheln lassen, bis sich der Zucker vollständig aufgelöst hat. Jetzt 150 g des Kürbispürees sowie alle restlichen Gewürze zugeben und weitere 20 Minuten leicht köcheln lassen und regelmäßig umrühren. Der Sirup sollte etwas eindicken, jedoch nicht zu dickflüssig werden. Den Sirup kurz etwas abkühlen lassen, durch ein feines Küchensieb seihen und in sterilisierte, gut verschließbare Flaschen füllen. Im Kühlschrank aufbewahrt hält sich der Sirup einige Wochen. Kommt die Dessertcreme aus dem Ofen, diese ebenfalls kurz abkühlen lassen, etwas Sirup aufgießen und servieren.

ANZUC
eine, Rat und Hilfe

Winter

DEZEMBER/JANUAR/FEBRUAR

Jetzt im Winter ist es im Garten ruhiger geworden. Im Sommer und Herbst ausgesätes Wintergemüse harrt geduldig im Gewächshaus aus, und die Vögel freuen sich über jede zusätzlich bereitgestellte Futterquelle. Ab Neujahr jedoch bin ich in Gedanken bereits in der neuen Gartensaison und fange an, Pläne zu schmieden. Ab Februar beginnt dann das Vorziehen einzelner früher Sorten wie Chili und Paprika.

Gartenarbeiten im Winter

Dezember

- Obstgehölze schneiden an frostfreien Tagen.
- Beerensträucher schneiden an frostfreien Tagen.
- Vogelfutter und Vogeltränke bereitstellen bzw. auffüllen und von Eis/Schnee befreien.
- Frühjahrsknoblauch stecken.
- Topfpflanzen an frostfreien Tagen im Freien gießen.
- Spätestens jetzt Samen für die kommende Anzucht bestellen und/oder vorhandenes Saatgut sichten und sortieren.

Januar

- Keimproben durchführen.
- Pflanzpläne zusammenstellen.
- Topfpflanzen an frostfreien Tagen im Freien gießen.
- Knoblauch und Steckzwiebeln setzen.

Februar

- Erste Pflänzchen auf der Fensterbank vorziehen.
- Pflanzpläne zusammenstellen.
- Gewächshaus für die neue Saison vorbereiten.
- Ende Februar damit beginnen, Kartoffeln vorzukeimen.
- Vogelhäuschen und Tränke kontrollieren und auffüllen.

Erntelieblinge der Saison

ASIA-SALATE / GRÜNKOHL / ROSENKOHL / WINTERPORTULAK

Winterlicher Rosenkohl-Apfelsalat mit süßen Croûtons

ZUTATEN FÜR 2–3 PORTIONEN

SALAT

300 g Rosenkohl
neutrales Öl
1 mittelgroßer Apfel

VINAIGRETTE

40 g Parmesan
1 Ei
2 TL Dijon-Senf
150 ml neutrales Öl
½ TL Knoblauchpaste
(Rezept Seite 33)
4 EL Crème fraîche
20 g Sardellenfilets in Öl
1–2 EL Zitronensaft
Salz und Pfeffer

CROÛTONS

3–4 Scheiben Ciabatta
2 EL Butter
2 EL Honig

SO GEHT'S

Den Rosenkohl putzen und in einer beschichteten Pfanne in etwas neutralem Öl rundherum kurz anrösten und kurz abkühlen lassen. Den Apfel vom Kerngehäuse befreien und in schmale Stifte hobeln. Die Rosenkohlröschen in dünne Scheiben hobeln und mit den Apfelstiften mischen.
Für die Caesar-Vinaigrette den Parmesan grob reiben. Ei, Senf und Öl zu einer Art Mayonnaise aufschlagen. Die restlichen Zutaten hinzugeben, nochmals kurz aufschlagen und abschmecken.
Für die süßen Brotcroûtons die Ciabattascheiben in kleine Würfel schneiden, Butter und Honig in einer kleinen beschichteten Pfanne langsam erwärmen, bis sich beides verflüssigt, und die Brotwürfel zugeben. Diese kurz darin schwenken, herausnehmen und abkühlen lassen.

CAESAR

Cremiges Sellerierisotto mit Wirsing

Der Dezember ist einer der Monate, in denen ich froh bin, im Sommer und Herbst einiges an Gemüse für eben diese Monate im Keller eingelagert zu haben. Ein kurzer Gang in den Keller oder den Vorratsraum und das Lagergemüse hat seinen Auftritt.

ZUTATEN FÜR 2–3 PORTIONEN

1 Zwiebel
1 Knoblauchzehe
Öl zum Anbraten
130 g Knollensellerie
100 g Risottoreis
75 ml Weißwein
425 ml Gemüsebrühe
1 Handvoll Wirsingblätter
ca. ½ TL brauner Zucker
1 Handvoll frischer Blattspinat
1 Handvoll Champignons
1 Prise grobes Salz
75 g frisch geriebener Parmesan
ca. 20 g Butter

SO GEHT'S

Zuerst die Zwiebel und die Knoblauchzehe schälen, klein schneiden und in einem mittelgroßen Topf in etwas Öl andünsten. In der Zwischenzeit kann der Knollensellerie geschält und fein gehobelt werden. Sellerie und Risottoreis zu den Zwiebeln und dem Knoblauch in den Topf geben und kurz mitdünsten. Nun alles mit Weißwein ablöschen und kurz reduzieren. Dann die Gemüsebrühe schlückchenweise hinzufügen, immer so weit, dass der Risottoreis gerade so bedeckt ist, und mit offenem Deckel köcheln lassen. Dabei öfter umrühren. So weiterverfahren, bis der Risottoreis gar ist. Das dauert ungefähr 20 Minuten. Nebenher kann jetzt der Wirsing in schmale Streifen geschnitten und in einer kleineren Pfanne mit etwas Öl und braunem Zucker kurz scharf angebraten und karamellisiert werden. Den Blattspinat gebe ich dann einfach zum Schluss dazu und schwenke in kurz durch die Pfanne. Auch die Pilze werden nun in Spalten geschnitten, kurz mitgebraten und mit grobem Salz abgeschmeckt. Das Risotto sollte in der Zwischenzeit fast fertig, also weich sein. Jetzt noch mit Parmesan und Butterflöckchen abschmecken und mit Wirsing-Pilztopping garnieren.

Bratapfel im Nussmantel mit Vanillesoße

Ich mag Bratäpfel besonders gerne, wenn der Apfel schön weich und saftig ist, die Hülle jedoch kernig und knusprig bleibt. Gesellen sich dazu noch cremig-süße Füllung und warme, selbstgemachte Vanillesoße und ein frischer Espresso, ist einem gemütlichen Nachmittag zuhause nichts entgegenzusetzen.

ZUTATEN FÜR 2 BRATÄPFEL

BRATÄPFEL

50 g Butter
2 Äpfel
35 g gemahlene Mandeln
35 g gemahlene Haselnüsse
2 EL brauner Zucker
½ TL Zimt
50 g Marzipan

VANILLESOẞE

80 ml Milch
80 ml Sahne
1 Vanilleschote
1 TL Stärke
1 Eigelb

SO GEHT'S

Zuallererst die Butter in einem kleineren Topf zum Schmelzen bringen. Die Äpfel schälen und das Kerngehäuse mittig ausstechen. Mandeln und Nüsse mit Zucker und Zimt mischen. Die vorbereiteten Äpfel vollständig in der flüssigen Butter schwenken und anschließend direkt im Nusszucker wälzen. Die restliche Nusszucker-Mischung mit dem Marzipan und der restlichen Butter mischen und in die Mitte der Äpfel drücken. Diese in eine ofenfeste Auflaufform setzen und für 40 Minuten bei 160 °C Ober-/Unterhitze in den Ofen schieben. Währenddessen kann die Vanillesoße zubereitet werden. Hierfür Milch, Sahne, Mark der Vanilleschote und Stärke in einem kleineren Topf kurz aufkochen lassen. Dann kurz abkühlen lassen und das Eigelb mit einem Schneebesen unterrühren. Dabei sollte die Vanillesoße keinesfalls kochen, sonst beginnt das Ei zu stocken und die Soße bekommt kleine Klümpchen. Die Soße am besten noch lauwarm zu den frischen Bratäpfeln servieren.

Feldsalat mit Rote-Bete-Chutney und Ziegenkäse

ZUTATEN FÜR 2 PORTIONEN

je 1 Handvoll Feldsalat und Babyspinat
1 Rolle Ziegenfrischkäse
4 EL flüssiger Bio-Honig
2 EL milder Balsamicoessig
Salz, Pfeffer & brauner Zucker zum Abschmecken
1–2 EL Kürbiskerne
einige TL Rote-Bete-Chutney
(Rezept Seite 193)

SO GEHT'S

Feldsalat und Babyspinat gründlich putzen, waschen und, wenn nötig, kleiner zupfen. Die Ziegenkäserolle in Scheiben schneiden, auf ein mit Backpapier belegtes Backblech legen und mit der Hälfte des flüssigen Honigs bestreichen. Bei 180 °C Ober-/Unterhitze 15 Minuten gratinieren. Für die Vinaigrette den restlichen Honig mit dem Balsamicoessig verrühren, mit Salz, Pfeffer und etwas braunem Zucker abschmecken und mit den Kürbiskernen vermengen. Den Salat auf zwei flache Teller aufteilen, den noch warmen Ziegenkäse darauf verteilen und alles mit der Vinaigrette und dem Chutney großzügig beträufeln.

Rote Bete im eigenen Garten

Rote Beten bevorzugen einen sonnigen, humosen und lehmigen Standort. Der beste Erntezeitpunkt ist erreicht, sobald sie ihre typische Größe erreicht hat. Für die optimale Lagerung werden die grünen Blätter entfernt, diese können jedoch wie Mangold weiterverwendet werden.

Wärmender Wirsingeintopf mit geräucherter Bauernbratwurst

Im Winter geht doch nichts über einen wärmenden Eintopf. Saisonale, einfache Zutaten und geräucherte Bauernbratwürste als deftige Einlage. Meist koche ich davon gleich die doppelte Menge. Eintopf schmeckt bekanntlich am Folgetag am besten.

ZUTATEN

2 größere Zwiebeln
1 kleinerer Wirsingkopf
500 g Kartoffeln
3–4 Karotten
Öl zum Anbraten
1,5 l Gemüsebrühe
4 geräucherte Bauernbratwürste
Salz und Pfeffer

SO GEHT'S

Die Zwiebeln schälen und in kleine Würfel schneiden. Den Wirsing putzen und in Streifen schneiden. Kartoffeln und Karotten schälen und beide in Stücke schneiden. Die Zwiebelwürfel in einem Topf in etwas Öl anbraten, dann langsam Wirsingstreifen und Kartoffel- sowie Karottenstücke dazugeben und alles einige Minuten bei mittlerer Hitze bräunen. Mit Brühe ablöschen und kurz aufkochen lassen. Mit geschlossenem Deckel ca. 30 Minuten leicht köcheln lassen. Vor Ablauf der letzten 10 Minuten die Bauernbratwürste in Stücke schneiden und dazugeben. Vor dem Servieren mit Salz und Pfeffer abschmecken.

Wirsing im eigenen Garten

Wirsing gehört zu den Starkzehrern und wächst am besten auf nährstoffreichen, eher lehmigen, gleichmäßig feuchten Böden. In der Mischkultur steht er gerne mit Karotten und Zwiebeln im Beet.

Ball

Gewürzbirnen mit braunem Rum-Rosmarin-Sirup

So einfach und doch so lecker. In den Wintermonaten lagere ich Äpfel und Birnen im Keller. Regelmäßig sortiere ich hier einzelne Exemplare aus, die kleinere Druckstellen haben oder zu weich werden, um anderes Obst nicht in Mittleidenschaft zu ziehen. Aussortierte Birnen sind jedoch keinesfalls reif für die Tonne. Für diese leckeren Gewürzbirnen sind sogar besonders reife Früchte ausdrücklich gewünscht.

ZUTATEN FÜR 3–4 PORTIONEN

GEWÜRZBIRNEN

2–3 reife Birnen
Butter für die Form
50 ml naturtrüber Apfelsaft
½ TL Zimt
½ TL brauner Zucker
2–3 TL flüssiger Bio-Honig

RUMSIRUP

100 ml Wasser
50 g brauner Zucker
50 ml brauner Rum
2–3 kleine Stiele Rosmarin

ZERO-WASTE-TIPP

Die Birnenschalen müssen nicht weggeworfen werden. Fruchtigen Cocktails oder Eistees geben sie eine zusätzliche natürlich-fruchtige Note.

SO GEHT'S

Die Birnen schälen, halbieren und vom Kerngehäuse befreien. Eine mittelgroße Auflaufform mit Butter ausstreichen und die Birnen mit der Schnittfläche nach oben hineinlegen. Apfelsaft, Zimt, braunen Zucker und flüssigen Honig kurz verrühren und die Birnenhälften damit einstreichen.
Für den Rumsirup Wasser und Zucker in einem kleineren Topf aufkochen und weiterköcheln lassen, bis sich der braune Zucker vollständig gelöst hat. Rum und Rosmarinzweige zugeben und für mehrere Minuten bei mittlerer Hitze leicht köchelnd zu einem Sirup eindicken lassen.

Winterliche Bruschetta mit Birne und Speck

Schon gewusst, dass eingelagertes Obst auch bei optimaler Lagerung in regelmäßigen Abständen kontrolliert werden sollte? Haben hier einzelne Früchte kleinere Druckstellen, müssen diese sofort aussortiert werden. Hat die Frucht jedoch keine weiteren erkennbaren Makel, ist diese keinesfalls ein Fall für die Tonne. Klein geschnitten und zusammen mit Speck und Zwiebeln angebraten, bilden sie die perfekte Grundlage für winterlich-rustikale Bruschetta.

ZUTATEN FÜR 10 BAGUETTESCHEIBEN

1 frisches, rustikales Baguette
2 TL Knoblauchpaste
(Rezept Seite 33)
2 EL Öl
1 rote Zwiebel
2 kleinere reife Birnen
150 g Speck
etwas Blattpetersilie
2 TL Honig oder Ahornsirup
½ TL fruchtiger, heller Balsamicoessig
Salz und Pfeffer
1 Prise Zucker
etwas Doppelrahmfrischkäse
Ziegenkäsetaler

SO GEHT'S

Als Erstes den Backofen auf 200 °C Ober-/Unterhitze vorheizen und das Baguette in gleichmäßig dicke Scheiben schneiden. Die Knoblauchpaste mit dem Öl mischen, die Oberseite der Baguettescheiben damit bestreichen und auf ein mit Backpapier belegtes Backblech legen. Für 6–8 Minuten in den Ofen geben. Während das Brot im Ofen röstet, die Zwiebel schälen, die Birnen schälen und entkernen. Zwiebel, Speck und Birnen in kleine Stücke schneiden. Zwiebel und Speck zusammen in einer Pfanne leicht anbraten und zum Schluss kurz die Birnenwürfel und die Blattpetersilie mit anschwenken. Aus Honig, Balsamicoessig, Salz, Pfeffer und einer Prise Zucker eine Vinaigrette anrühren, diese in die Pfanne geben und alles etwas abkühlen und ziehen lassen. Die Baguettescheiben aus dem Ofen nehmen, ebenfalls kurz abkühlen lassen und mit Frischkäse bestreichen. Die Ziegenkäsetaler darauflegen und die Birnenmasse großzügig darauf verteilen. Noch lauwarm genießen.

Schmandfladen mit Kräuter-seitlingen und Pesto

Wunderbar schnelle Feierabendküche, die einen nicht lange in der Küche stehen lässt, aber trotzdem richtig was hermacht: leckerer, schnell gemachter Teig, cremiger Belag aus Schmand, ein paar frischen Pilzen und kräftig würzigen Pilzpestoklecksen obendrauf.

DIE RICHTIGE PILZLAGERUNG

Erhältlich sind bestimmte Pilzsorten das ganze Jahr über. Zuhause halten sie sich am besten, bereits grob mit einer Pilzbürste abgebürstet, im Gemüsefach des Kühlschranks. In Plastik bildet sich oft Kondenswasser und die Pilze setzen schnell Schimmel an. Pilze daher am besten locker in ein trockenes Geschirrtuch einschlagen. Länger als 3 Tage sollten sie dennoch nicht aufbewahrt werden.

ZUTATEN FÜR 2–3 FLADEN

350 g Mehl
4 EL neutrales Öl
200 ml Wasser
3 TL Backpulver
½ TL Salz
100 g Schmand
½ TL Knoblauchpaste (Rezept Seite 33)
Salz und Pfeffer
3–4 Kräuterseitlinge
1 kleines Glas Pilzpesto (Rezept Seite 179)
Kräuter zum Garnieren (optional)

SO GEHT'S

Für den Teig Mehl, Öl, Wasser, Backpulver und Salz gut verkneten und kurz ruhen lassen. Für den Belag Schmand und Knoblauchpaste verrühren und mit etwas Salz und Pfeffer würzen. Die Kräuterseitlinge waschen, putzen und in dünnere Scheiben schneiden. Den Teig zu Fladen auswellen, mit Knoblauchschmand bestreichen und die Kräuterseitlinge darauf verteilen. Das bereits fertige Pilzpesto löffelweise auf dem Belag verteilen und die Fladen für ca. 15 Minuten bei 180 °C Ober-/Unterhitze in den Ofen schieben. Vor dem Servieren mit Kräutern garnieren.

Rustikale Apfelgalette mit Walnüssen

Stell dir doch einfach mal vor, du sitzt an einem regnerischen Februarnachmittag gemütlich zuhause im Warmen, legst die Füße hoch und liest ein gutes Buch. Weißt du, was jetzt noch fehlt? Eine schnell gemachte, richtig leckere lauwarme Apfelgalette. Die Zutaten dazu hat man fast immer im Haus. Die letzten Äpfel aus der vorherigen Saison können so optimal verwertet werden, und es ist nicht einmal notwendig, diese zu schälen. Dazu noch eine Kugel Vanilleeis – perfekt. So kann sich sogar spontaner Besuch ankündigen.

ZUTATEN FÜR 2 GALETTES

TEIG

300 g Mehl
1 Ei
150 g Butter
2–3 EL Milch

BELAG

1 Handvoll Walnüsse
100 g Crème fraîche
2 TL brauner Zucker
2–3 säuerliche Äpfel
1 Ei zum Bestreichen
Puderzucker zum Bestreuen

SO GEHT'S

Den Backofen auf 180 °C Umluft vorheizen. Für den Teig das Mehl, das Ei, die Butter und die Milch verkneten und 1 Stunde kaltstellen. In der Zwischenzeit die Walnusskerne mit der Crème fraîche und 1 TL braunem Zucker in einen Mixer geben und einige Sekunden zerkleinern. Den Teig in zwei Portionen teilen und auf einer bemehlten Arbeitsfläche jeweils rund auswellen. Die Äpfel gründlich waschen, das Kerngehäuse entfernen und das Fruchtfleisch in feine Scheiben schneiden. Die Teiglinge mit der Walnuss-Crème-fraîche bestreichen und die Apfelscheiben fächerartig auflegen, dabei den Teigrand auslassen. Diesen anschließend nach innen klappen. Das Ei mit einem Schneebesen verquirlen und den Rand damit bestreichen. Die Apfelscheiben nun mit dem restlichen braunen Zucker bestreuen und die Galettes für ca. 20 Minuten in den Ofen schieben. Nach kurzem Abkühlen können diese mit Puderzucker bestreut werden.

DIYs fürs Gartenjahr

Mit einem eigenen Garten – und sei er noch so klein – hat man zu jeder Jahreszeit endlose Möglichkeiten, sich selbst zu verwirklichen. Über das gesamte Gartenjahr verteilt, lassen sich die unterschiedlichsten kleinen, aber auch größeren DIYs realisieren. Hier können sowohl nützliche Dinge wie Ohrenzwickerheime, kleine Teichwannen und Ollas zur Beetbewässerung hergestellt wie auch das eigene Naturkosmetikregal aufgestockt und erweitert werden. Auch spontane Geschenke aus dem Garten sind mit selbstgemachten, bienenfreundlichen Samenbomben, der selbst gesammelten, getrockneten Teemischung oder einfachen Sprudelbadepralinen kein Problem. Hübsch verpackt und mit einem selbstgemachten Anhänger oder Etikett versehen ein Hingucker und geschätztes Mitbringsel.

Ein Ohrenzwickerquartier selber bauen

Ohrenzwicker sind willkommene natürliche Schädlingsbekämpfer im Garten. Sie ernähren sich von Blattläusen, anderen Schädlingen, organischen Abfällen und machen sich sogar über den Mehltau her, sind so also auch Teil des natürlich wertvollen Bodenlebens und helfen dabei, neuen Humus herzustellen. Nur selten knabbern sie Knospen, Blätter und Fruchtstände an. Um die kleinen Kerle langfristig im Garten halten zu können, sorgt man am besten für genügend Unterschlupfmöglichkeiten.

GUT ZU WISSEN

Ohrenzwicker sind natürlich nicht das Ende der Nahrungskette. Sie dienen als willkommene Leckerbissen für Igel, Vögel und Mäuse.

WAS DAFÜR BENÖTIGT WIRD

1 kleinerer Tontopf mit Loch
Schnur + kleines Holzstück zum Aufhängen oder Stab zum Aufstellen
Stroh, Heu oder Holzwolle
Drahtgeflecht
Gartendraht

SO GEHT'S

Möchte man das Ohrenzwickerquartier aufhängen, wird zunächst eine Schnur von außen durch das Loch am Boden des Tontopfes gefädelt und an ein Stück Holz/Ast gebunden, welches größer als das Bodenloch sein sollte. Jetzt kann der Topf mit Stroh, Heu oder Holzwolle befüllt werden. Um ein Herausfallen der Füllung zu verhindern, wird von außen ein Stück Drahtgeflecht über der Öffnung angebracht. Im Frühjahr können die Quartiere dann neben den üblichen Überwinterungsbehausungen der Ohrenzwicker auf einen längeren Stab in den Boden gesteckt werden. Im frühen Sommer kann dann der Standort gewechselt werden und die Quartiere finden ihren Platz beispielsweise in Obstbäumen über Beeten.

GUT ZU WISSEN

Die höchste Wirkungsrate haben Ohrenzwickerquartiere natürlich in der Nähe von Pflanzen, welche gerne von Läusen oder anderen Schädlingen heimgesucht werden. Hier finden die Ohrenzwicker genug Nahrung und fallen nicht über Blätter und Knospen oder Obstbestände her.

Einen Miniteich für Insekten anlegen

Zieht Wasser in einen Garten ein, beginnt er zu leben. Ich finde, Wasser hat etwas Beruhigendes und ist zudem äußerst nützlich für Insekten und Vögel im Garten. Diese finden vor allem in den wärmeren Monaten des Jahres nicht genügend natürliche Wasserquellen, um ihren täglichen Bedarf zu stillen, und sind deshalb dankbar für jede zusätzlich geschaffene Möglichkeit.

WAS DAZU BENÖTIGT WIRD

Gefäß mit mindestens 30 Zentimetern Tiefe
Teichfolie
doppelseitiges Klebeband oder Spezialkleber
unterschiedlich große Natur-, Zier- und Ziegelsteine
alte Tontöpfe
Teichpflanzen für unterschiedliche Zonen
Pflanzkörbe
bestenfalls Regenwasser

DIE UNTERSCHIEDLICHEN PFLANZZONEN

Auch bei der Bepflanzung eines Miniteiches sollten die fünf Teichzonen für Wasserpflanzen beachtet werden. Manche Pflanzen bevorzugen seichtes Gewässer, wiederum andere lieben tiefere Zonen und sind dabei nur sehr bedingt für Miniteiche geeignet.

ZONE 1 – Ufer und Teichrandzone
ZONE 2 – Feuchtzone
ZONE 3 – Sumpfzone
ZONE 4 – Wasserpflanzenzone
ZONE 5 – Schwimmpflanzenzone

SO GEHT'S

Als Erstes wird ein optimaler Standort für den Miniteich gewählt. Ist dieser gefunden, wird die Wanne zunächst auf undichte Stellen kontrolliert. Ist diese nicht vollständig dicht, muss Teichfolie im kompletten Inneren ausgelegt werden. Diese wird am oberen Rand mit doppelseitigem Klebeband befestigt oder festgeklebt. Um unterschiedliche Ebenen unter Wasser zu schaffen, werden unterschiedlich große Natursteine, Ziegelsteine oder umgedrehte Tontöpfe eingefüllt und platziert, auf denen später auch die Pflanzkörbe der Teichpflanzen Platz finden. Um den Miniteich auch für Insekten interessant zu machen, dürfen Steine auch gerne etwas aus dem Wasser herausschauen. Dies ermöglicht den Insekten den Landeanflug und erleichtert den Zugang zum Wasser.

BEISPIELE FÜR GEEIGNETE TEICHPFLANZEN FÜR KLEINE, EHER FLACHE GEWÄSSER

Zwergrohrkolben Zone 3, eher kompakt wachsend, 50 Zentimeter hoch
Zwergbinse Zone 2, 30 Zentimeter hoch, beugt Algenbildung vor
Weiße Zwergseerose Zone 4–5, auch für Kübel und Miniteiche geeignet
Sumpfschwertlilie, auch **Wasserlilie** genannt, Zone 3, erreicht eine Höhe von etwa 1 Meter
Wasserminze, Zone 1 oder 2, wird 50–60 Zentimeter hoch und kann im flachen Wasser wie auch an Land gepflanzt werden.

GEFÄẞGRÖẞE UND OPTIMALER STANDORT

Prinzipiell gilt, je größer, desto besser halten sich Wasser und Pflanzen im Gleichgewicht. Möchte man unterschiedliche Wasserpflanzen mit einziehen lassen, sollte das Gefäß eine Tiefe von mindestens 20 Zentimetern haben. Was den Standort angeht, sollte der Miniteich zwar gut geschützt, jedoch nicht zu warm und vollsonnig stehen. Darunter leidet schnell die Wasserqualität, zudem beugt niedrigere Wassertemperatur unnötiger Algenbildung vor. Mehr als 3–4 Schattenstunden täglich sollten es jedoch ebenfalls nicht sein, denn auch Wasserpflanzen benötigen Licht, um gut wachsen zu können. Ein halbschattiger Standort ist also optimal.

SO GEHT'S

Zum Befüllen der Wanne ist Regenwasser aus der Gartentonne ideal, Leitungswasser enthält, je nach Region, zu viel Kalk und kann die Algenbildung fördern. Befüllt wird bis auf wenige Zentimeter unter den Wannenrand. So kann bei kleineren Regengüssen ein Überschwemmen verhindert werden. Als Bepflanzung des Miniteichs eignen sich eher klein bleibende Wasserpflanzen, die nicht dazu neigen, den Teich zu überwuchern, und bestenfalls winterhart sind. Diese werden in speziellen Pflanzkörben gepflanzt und von unten mit Kies beschwert. Je nach Pflanze und Eigenschaften werden diese nun in unterschiedlicher Wassertiefe gepflanzt. Um lange Freude am kleinen Teich zu haben, sollte die Wasserqualität regelmäßig kontrolliert und verdunstetes Wasser nachgefüllt werden.

Tomaten vermehren durch Geiztriebe

Egal, ob ich meine Wildtomatenpflanzen im Freien in Töpfen halte oder meine anfälligeren Sorten im Gewächshaus stehen habe – nach kürzester Zeit hat sich ein wahrer Tomatenurwald gebildet, durch den es kein Durchdringen gibt. Spätestens jetzt ist Zeit, um ordentlich auszugeizen. Das Schöne dabei ist: Die Geiztriebe bekommen, ähnlich wie bei Zimmerpflanzenablegern, eine zweite Chance.

Das Ausgeizen der Tomatenpflanze

Mit Ausgeizen ist das regelmäßige Ausbrechen der jungen Triebe in den Achseln der Pflanze gemeint. Diese sogenannten Geiztriebe entfernt man, da diese sich deutlich später entwickeln und der Pflanze unnötig Kraft rauben. Diese nutzt die Pflanze sonst zur Ausbildung der Blüten und Früchte. Würde man alle Triebe wild wachsen lassen, würde sich zudem zu viel Blattmasse bilden, die Pflanze benötigt viel Platz und man verliert schnell den Überblick im Tomatendschungel. Auch das Abtrocknen der Blätter, welches für die Gesundheit der Tomatenpflanze sehr wichtig ist, kann so nicht mehr schnell genug erfolgen. Braunfäule an Früchten und der gesamten restlichen Pflanze ist oft die Folge.

Geiztriebe zum Wurzeln bringen

WAS DAFÜR BENÖTIGT WIRD

1 Tomatengeiztrieb von ungefähr 8–10 Zentimetern Länge
1 scharfes Messer
1 kleines Glas mit Wasser
heller, nicht vollsonniger Standort

Den nach dem Ausgeizen gewonnenen kleinen Trieb mit einem scharfen Messer unten schräg anschneiden. So kann der Trieb später besser Wasser aufnehmen und bildet schneller Wurzeln aus. Ein kleines Glas zu drei Vierteln mit sauberem Wasser füllen, den Trieb hineinstellen und das Glas an einen geschützten, hellen, aber nicht vollsonnigen Standort im Haus aufstellen. Das Wasser sollte nun täglich gewechselt werden. Nach etwa 10–12 Tagen bilden sich die ersten kleinen Wurzeln. Nach etwa 2 Wochen darf der Trieb vom Wasser in Tomatenerde umziehen. Tomaten sind Starkzehrer, benötigen also schon zu Anfang eine ausreichende Nährstoffversorgung und müssen regelmäßig gegossen werden. Mit etwas Glück trägt auch dieser kleine Ableger noch im selben Jahr eigene Früchte und kann beerntet werden.

GUT ZU WISSEN

Je früher im Jahr ausgegeizt wird, desto wahrscheinlicher ist es, dass auch der bewurzelte Geiztrieb noch Früchte trägt.

Stetige Beetbewässerung – Ollas selber machen

Ollas sind kleine Tongefäße, die voll mit Gießwasser sind und die Beetbewässerung in den wärmeren Monaten deutlich erleichtern. 1–2 Tage kann sich ein Beet mit der ausreichenden Anzahl und Größe an Ollas gut selbst mit Gießwasser versorgen.

Pro größere Pflanze rechne ich mit einer Olla von ungefähr 10–12 Zentimetern Durchmesser. Stehen etwas kleinere Pflänzchen dichter beieinander, reicht auch eine Olla für zwei Pflanzen. So haben wir schon 3–4 tägige Wochenendurlaube überbrückt, ohne uns viel Gedanken über das Gießen unserer Pflanzen zuhause zu machen.

WAS DAFÜR BENÖTIGT WIRD

2 gleich große, unglasierte Blumentöpfe aus Ton mit Loch
1 große Tonscherbe, Fliese oder kleiner alter Tontopfuntersetzer
farbloses Silikon oder Montagekleber

SO GEHT'S

Die Tonscherbe in einen der beiden Töpfe von innen über das Gießwasserloch kleben. Den Kleber gut verstreichen, sodass der Boden des Topfes nach dem vollständigen Austrocknen des Klebers dicht wird. Jetzt noch einen etwas dickeren Streifen Silikon oder Montagekleber auf den oberen Rand des unteren Topfes auftragen und den zweiten Tontopf verkehrt herum daraufsetzen. Falls nun Silikon oder Kleber herausquellen sollte, kann dieser mit einem feuchten Tuch verstrichen und abgewischt werden. Der Kleberand sollte später keine Klebelücken vorweisen und ebenfalls gut abdichten. Nachdem die Olla über Nacht vollständig austrocknen konnte, ist sie nun bereit dazu, im Garten vergraben zu werden. Hierfür einfach ein etwas tieferes Loch graben, das gerade so groß ist wie die selbstgemachte Olla. Diese hineinsetzen und das Loch rundherum wieder mit Erde auffüllen und dabei das Einfüllloch oben aussparen. Über das Loch an der Oberseite der Olla kann jetzt Gießwasser eingefüllt werden, das durch das Tonmaterial des Topfes tröpfchenweise an die Umgebungserde abgegeben wird.

GUT ZU WISSEN

Die Ollas, wenn möglich, vor dem nächsten Frost ausbuddeln und im Gartenschuppen oder Keller überwintern. Bei zu starken Minustemperaturen können Tontöpfe leicht einreißen und kaputtgehen.

Bienenfreundliche Samenbomben selber herstellen

ZUTATEN FÜR 20–25 SAMENBOMBEN

1 Handvoll Blumensamen
3 Handvoll einfache torffreie Garten- oder Komposterde
2 Handvoll Tonerde
Wasser
Unterlage zum Trocknen

Schnell gemachte kleine Geschenke für Hobbygärtner sind Samenbomben. Die in Ton und Erde eingerollten Blumensamen sind gut gegen neugierige Vögel, Wind und starken Regen geschützt und bringen zudem alle Nährstoffe, welche die Pflanzen am Anfang brauchen, mit. Ein eigenes kleines Ökosystem also. Wirft man sie kurz vor dem nächsten Regenguss aus, ist für den nötigen Aktivator, das Wasser, ebenfalls gesorgt.

SO GEHT'S

Die Garten- oder Komposterde sieben, um gröbere Bestandteile wie kleinere Äste oder Ähnliches zu entfernen. Blumensamen, gesiebte Erde und Tonerde in einer größeren Schüssel gut miteinander vermischen. Der Mischung so lange Wasser zugeben, bis eine teigartige Masse entsteht, welche sich gut mit den Händen formen lässt. Aus der Masse kleine, etwa walnussgroße Kugeln formen und diese auf Zeitungspapier oder Ähnlichem zum Trocknen auslegen. Die Umgebungstemperatur beim Trocknen sollte nicht zu warm und keinesfalls feucht sein. Das begünstigt das vorzeitige Keimen der Samen und verhindert das Trocknen der Samenbomben. Nach einigen Tagen guter Trocknung sind diese einsatzbereit und können im eigenen Garten oder am Wegesrand geworfen werden. Am besten eignet sich dafür die Zeit kurz vor einem kleinen Regenschauer. Die Jahreszeit dafür hängt hingegen vom verwendeten Saatgut ab.

GUT ZU WISSEN

Für Samenbomben eignen sich vor allem Blumen, welche auch wild auf Wiesen und Feldern in der Umgebung wachsen. Das sind beispielsweise Margeriten, Mohn, Sonnenblumen, Ringelblumen und Kornblumen. Diese sind wichtiger Bestandteil der täglichen Nahrung von heimischen Insekten und Vögeln.

Von der Pflanze in die Tasse – der eigene Tee aus dem Garten

Einen richtig schönen Garten macht für mich vor allem die Vielzahl an Mehrwerten aus. In meinem Garten findet man allerlei Kräuter in Töpfen, Beeten und Kästen verteilt. Von Küchenkräutern bis hin zu Heil- und Teekräutern ist alles vertreten und wird viel genutzt. So lässt sich die ganz eigene Teemischung für nahezu jede Jahreszeit trocknen und zusammenstellen. Ob für wärmenden Kräutertee im Winter oder für kühlenden, fruchtig erfrischenden Eistee im Sommer – alles, was ich brauche, finde ich am besten schon vormittags bei einem ausgiebigen Rundgang durch meinen Garten.
Zu dieser Tageszeit sind die Kräuter am aromatischsten, da ihre Konzentration an ätherischen Ölen dann am höchsten ist. Gründliches Waschen ist nicht nötig, ich schüttle meine Kräuter lediglich kopfüber etwas aus. Das verringert nicht nur die Trocknungszeit, sondern verstärkt das Aroma ungemein.

KRÄUTER:
Minze, Salbei, Brennnessel, Zitronenmelisse, Zitronenverbene, Thymian, griechischer Bergtee, Rosmarin

BLÄTTER:
Erdbeerblätter

BLÜTEN:
unbehandelte Rosenblüten, Holunder, Lavendel, Ringelblume, Kamille, Sonnenblume, Gänseblümchen

SAMEN:
Fenchel, Anis, Kümmel

FRÜCHTE:
Apfelschalen, Ingwerstücke, Hagebutten

DAS TROCKNEN DER KRÄUTER, BLÜTEN UND FRÜCHTE

Um die frisch geernteten Teekräuter optimal haltbar zu machen, hänge ich sie in kleinen Sträußen kopfüber zusammengebunden an einen gut belüfteten, eher kühleren Ort auf. Hier dürfen die Kräuter ungefähr 1 Woche austrocknen, ehe ich sie abnehme. Einzelne abgezupfte Blütenblätter, Apfelschalen, Ingwer- und Hagebuttenstückchen trockne ich auf einem mit Backpapier ausgelegten Backblech bei 50 °C Ober-/Unterhitze und halb offener Backofentür für mehrere Stunden im Ofen. Hierfür stecke ich einen Holzlöffel in die Tür. So kann entstehende Feuchtigkeit entweichen. In kleinere, gut verschließbare Gläser gefüllt, sind Blüten, Früchte und Kräuter 1 Jahr haltbar und machen aus jeder Tasse Tee eine unverwechselbare Geschmacksexplosion aus dem eigenen Garten. Werden diese dunkel und vor Feuchtigkeit geschützt gelagert, verlieren sie weder ihr Aroma noch ihre Farbe.

TEEKRÄUTER UND IHRE WIRKUNGSWEISEN

Brennnesselblätter = verdauungsfördernd, harntreibend
Holunderblüten = schleimlösend, harntreibend
Kamillenblüten = beruhigend, desinfizierend, schweißtreibend bei Fieber
Kornblumen = appetitanregend, adstringierend
Lavendelblüten = beruhigend
Malve = schleimlösend, blutdrucksenkend
Pfefferminze = verdauungsfördernd, antibakteriell
Ringelblumen = entzündungshemmend
Rosenblütenblätter = antibakteriell, entzündungshemmend
Salbei = entzündungshemmend, schweißhemmend
Thymian = hustenlösend, schmerzstillend
Zitronenmelisse = beruhigend, krampflösend
Zitronenverbene = verdauungsfördernd, fiebersenkend

Einfache Kräuterteemischung bei Erkältungen

ZUTATEN FÜR 1 GLAS TEEMISCHUNG FÜR DEN VORRAT

4 EL Zitronenverbeneblätter
4 EL Minzblätter
2 EL Thymianblätter
2 TL Lavendelblüten
1 TL Salbei

SO GEHT'S

Am besten werden Kräuter am Vormittag gesammelt und gleich anschließend getrocknet. Wie das genau geht, wird oben erklärt. Gelagert wird die Teemischung am besten vor Feuchtigkeit und Licht geschützt in einem Braunglas mit möglichst dichtem Deckel. Um die Wirkung der Teekräuter optimal nutzen zu können, sollte der Tee nicht länger als 1 Jahr gelagert werden. Die getrockneten Kräuter werden als ganze Blätter aufbewahrt und erst kurz vor der Zubereitung etwas mit den Fingern zerbröselt. So können sie ihr Aroma optimal abgeben.

Kamillenblüten-sirup für Tee und Desserts

ZUTATEN FÜR 1 FLASCHE A 300 ML

2 Handvoll Kamillenblüten, frisch oder getrocknet
500 ml Wasser
500 g Zucker

SO GEHT'S

Die Kamillenblüten von ihren Stielen befreien und kurz ausschütteln. Das Wasser mit dem Zucker in einem mittelgroßen Topf aufkochen und leicht simmernd einige Minuten weiterköcheln lassen, bis die Flüssigkeit beginnt etwas einzudicken. Vom Herd nehmen. Die Kamillenblüten zugeben und abgedeckt 24 Stunden ziehen lassen. Am nächsten Tag den Sud durch ein feines Küchensieb oder sauberes Geschirrtuch filtern und in eine sterilisierte, gut verschließbare Flasche füllen. Dieser Sirup dient zum Süßen von Tees oder Süßspeisen und kann nach Belieben dosiert werden.

Aus dem Garten auf die Haut – natürliche Pflege

Unsere Haut ist unser größtes Organ und möchte stetig gepflegt werden. Oft müssen es keine teuren Präparate sein, um die Haut etwas zu verwöhnen. Kamille, Ringelblume und Lavendel aus dem Garten lassen sich schnell und einfach trocknen und zu vielen verschiedenen Anwendungen weiterverarbeiten.

Ringelblumenpeeling

SO GEHT'S

Die getrockneten Ringelblumenblüten in einem Mörser fein zerreiben. Alle Zutaten gut miteinander vermischen und in kreisenden Bewegungen vorsichtig auf die Haut auftragen und anschließend mit lauwarmem Wasser und einem Handtuch abwaschen. Die Ringelblumenblüten im Peeling wirken entzündungshemmend. ACHTUNG: Nicht bei offenen Hautstellen anwenden.

ZUTATEN FÜR 1–2 ANWENDUNGEN

2 TL getrocknete Ringelblumenblüten
2 TL Sonnenblumenöl
½ TL flüssiger Bio-Honig
1 TL Meersalz

Kamillendampfbad

GUT ZU WISSEN

Ringelblumen sind zwar einjährig, ihre Samen jedoch frosthart, und so treiben sie jedes Jahr neu aus. Sie vermehrt sich über ihre Samen mit etwas Glück ganz von alleine im Garten. Hierzu unbedingt nicht alle Blüten abernten. Ihre Blütenblätter sind zudem essbar und machen sich gut im Salat oder auf frischem Brot. Aus Blättern und Blüten der Ringelblume lässt sich zudem, wie bei Brennnesseln, Jauche herstellen. Diese dient Kräuter- und Gemüsepflanzen als natürlicher Dünger.

ZUTATEN FÜR 1 ANWENDUNG

1,5–2 l Wasser
2 Handvoll getrocknete Kamillenblüten

SO GEHT'S

Einen größeren Topf mit Wasser zum Kochen bringen, vom Herd nehmen und die getrockneten Kamillenblüten hineingeben. Alles bei geschlossenem Deckel ungefähr 10 Minuten ziehen lassen. Jetzt den Kopf über das noch warme Wasser im Topf halten, ein größeres Handtuch über Kopf und Topf legen und für mehrere Minuten, je nach Wohlbefinden, den warmen Dampf einatmen. Die Dampfinhalation mit Kamillenblüten wirkt beruhigend und schleimlösend bei Husten, regt die Durchblutung der Haut an und wirkt zudem entzündungshemmend.

Gute-Nacht-Badesalz mit Lavendel

Ein warmes Vollbad nach einem anstrengenden Tag im Garten ist der perfekte Tagesabschluss. Lavendel wirkt beruhigend, hilft schneller in den Schlaf zu finden und wirkt entschleunigend.

ZUTATEN FÜR 1 GLAS AUF VORRAT

ca. 150 g Totes-Meer-Badesalz
4–5 EL getrocknete Lavendelblüten
optional 2–3 EL Milchpulver
optional einige Tropfen ätherisches Lavendelöl

SO GEHT'S

Alle Zutaten in einer Schüssel mischen und in ein gut verschließbares Glas füllen. Milchpulver im Badewasser verleiht dem Wasser eine schöne, milchig weiße Farbe und wirkt zudem leicht rückfettend. Die ätherischen Öle sorgen für zusätzlichen Duft.

KLEINER TIPP

Wer keine einzelnen Lavendelblüten im Badewasser mag, bewahrt diese separat auf und füllt sie kurz vor dem entspannenden Vollbad in ein kleines Baumwollsäckchen. Das Säckchen kann ins Badewasser gegeben werden und gibt im warmen Wasser seine pflegenden und beruhigenden Inhalts- und Duftstoffe an die Umgebung ab.

Badepralinen mit leichtem Sprudeleffekt

ZUTATEN FÜR CA. 10 KLEINE PRALINEN

20 g Kokosöl
50 g Natron
30 g Zitronensäure
15 g Stärke
ein paar Tropfen ätherisches Öl nach Wahl
getrocknete Rosenblüten, Lavendelblüten, Ringelblumenblüten

SO GEHT'S

Das Kokosöl in einem mittelgroßen Topf erwärmen, bis es flüssig wird. Natron, Zitronensäure und Stärke zugeben und gut miteinander vermengen. Zum Schluss das ätherische Öl zugeben und nach Belieben getrocknete Blüten und Kräuter untermischen. Die Masse in Eiswürfel- oder Muffinformen aus Silikon geben, leicht andrücken und mindestens 24 Stunden bei Raumtemperatur trocknen lassen oder für 3–4 Stunden in den Gefrierschrank stellen.

KEINE ZEIT FÜR EIN VOLLBAD?

Kein Problem, –1 Badepraline hat die perfekte Größe für ein schnelles Hand- oder Fußbad. Eine Schüssel mit warmem Wasser füllen und die Praline darin auflösen. Hände oder Füße darin baden und anschließend nur leicht abtrocknen oder abtupfen. Das Kokosöl pflegt beanspruchte Gärtnerhände und -füße.

Saatgutgewinnung bei Tomaten

Im Herbst, wenn die Arbeit im Garten langsam etwas nachlässt, ist die beste Zeit, um aus den robusteren Pflanzen eigenes Saatgut zu gewinnen. Gefällt einem eine Tomatensorte im Garten also besonders gut, hat diese noch dazu einen hohen Ertrag erzielt, wurde von möglichen Krankheiten verschont und stammt zudem noch von einer samenfesten Pflanzensorte, ist sie der optimale Spender für das eigene Saatgut im nächsten Gartenjahr. Dazu lässt man jeweils 1–2 Tomaten pro Sorte etwas länger an der Pflanze hängen als gewöhnlich. So kann man sich sicher sein, dass die Samen vollständig ausgebildet sind.

WAS DAFÜR BENÖTIGT WIRD

vollreife Tomaten
1 größeres Glas
Küchensieb
Papiertüten oder Briefumschläge zur Aufbewahrung

HYBRIDSORTEN UND SAMENFESTES SAATGUT

Hybridsorten sind aus verschiedenen Kreuzungen entstanden und somit nicht beständig. Gewinnt man Saatgut aus solchen F1-Sorten, ist dieses nicht zur weiteren Anzucht von Nachkommen geeignet. Samenfestes Saatgut hingegen gibt seine Eigenschaften weiter.

SO GEHT'S

Die Tomaten halbieren und das Fruchtfleisch mit einem kleinen Löffel vorsichtig aus der Frucht herauslösen und in ein größeres, sauberes Glas geben. Dieses dann mit Leitungswasser auffüllen und 2–3 Tage verschlossen an einem warmen Ort stehen lassen. Nach kurzer Zeit setzt hier die Gärung ein, die Samen trennen sich vom glibberigen Fruchtfleisch, dieses wird zersetzt und das Wasser verfärbt sich leicht milchig-weiß. Die Samen sinken dabei zu Boden und das übrig gebliebene Fruchtfleisch schwimmt oben. Die Flüssigkeit durch ein Küchensieb abgießen, die Samen darin auffangen und mehrmals mit fließendem Wasser durchspülen, bis das Wasser klar bleibt. Auf einem Küchentuch, voneinander getrennt ausgelegt, können die Samen jetzt gut trocknen. Zur Aufbewahrung bis zur Anzucht im nächsten Jahr können die Samen so direkt mit Küchenpapier in eine beschriftete Papiertüte oder einen Briefumschlag gegeben werden. Für die Lagerung ist eine gleichmäßige, eher kühlere Temperatur zwischen 5 und 10 °C wichtig. Gegen Feuchtigkeit geschützt, bleiben die Samen so mehrere Jahre keimfähig.

TIPP

Wer den Gärungsprozess etwas beschleunigen möchte, kann dem Wasser im Glas eine Messerspitze Trockenhefe zugeben.

DIE KEIMPROBE

Ob die selbst gesammelten Samen auch dazu in der Lage sind auszukeimen und ebenfalls zu stattlichen Pflanzen zu werden, lässt sich ganz einfach prüfen: Dazu einfach ein paar der jeweiligen Samen auf ein angefeuchtetes Küchentuch geben, dieses vorsichtig zusammenrollen und in einen Gefrierbeutel stecken. Bei Zimmertemperatur sollten die Samen innerhalb weniger Tage auskeimen. Ist das bei ungefähr 80–90 Prozent der Fall, hat man alles richtig gemacht und das Saatgut ist in einwandfreiem Zustand.

Ein einfaches Hochbeet bauen und befüllen

Ein kleiner Garten bedeutet wenig Platz, und auch Ecken mit weniger guter Muttererde wollen genutzt werden. Die einfachste und rückenschonendste Möglichkeit dazu ist der Bau und die Bewirtschaftung eines Hochbeetes. Die Befüllung mit verschiedenen organischen Materialien begünstigt hier einen natürlichen Verrottungsprozess und versorgt die Pflanzen so später immer mit der richtigen Menge an natürlichem Dünger. Dazu kommt, dass durch die so freigesetzte Wärme die Gartensaison in einem Hochbeet früher gestartet werden kann und sich auch deutlich verlängert.

WAS DAFÜR BENÖTIGT WIRD

6 kleine Waschbetonplatten 40 cm × 40 cm
1 Europalette 80 cm × 120 cm
Hasendraht mit den Maßen 80 cm × 120 cm
Gärtnervlies
Tacker oder kleine Nägel + Hammer
je nach gewünschter Höhe 2–3 Palettenrahmen

SO GEHT'S

Die Waschbetonplatten mit Hilfe einer Wasserwaage auslegen und je nach Größe in 2–3 Reihen verlegen. Die ebene Fläche sollte später mindestens so groß sein wie die Europalette. Diese direkt auf die Steine legen und die Palettenrahmen darauf stapeln. Der unterste Rahmen kann mit Winkeln an der Europalette befestigt werden; das ist aber kein Muss. Den Boden des Hochbeetes mit Hasendraht auslegen und diesen festtackern oder mit kleinen Nägeln fixieren. Darauf kommt eine Lage Gärtnervlies. Dieses lässt Luft zirkulieren und Gießwasser abfließen, verhindert also die Bildung von Staunässe, hält aber die Erde im Hochbeet.

MATERIAL ZUR BEFÜLLUNG

Gartenabfälle wie Hecken- und Baumschnitte
gröbere Holzhäcksel
frischer, reifer Kompost
Laub und Rasennarben
torffreie, hochwertige Pflanzerde

SO GEHT'S

Die unterste Schicht: Im unteren Teil des Hochbeetes wird mit den gröbsten Füllmaterialien begonnen und diese eingeschichtet. Hier kann später das Gießwasser optimal abfließen.
Die mittlere Schicht: Für die mittlere Schicht im Hochbeet haben wir frischen, reifen Kompost, gemischt mit Laub und etwas abgetragener Rasennarbe verwendet.
Die Deckschicht: Die oberste Schicht im Beet besteht aus torffreier, qualitativ hochwertiger Pflanzerde.

GUT ZU WISSEN

Die optimale Jahreszeit, um ein Hochbeet aufzustellen, ist der Herbst. So können anfallende Gartenabfälle gleich verwertet und eingeschichtet werden. Zudem hat bis zur Bepflanzung im nächsten Frühjahr die Verrottung begonnen und die einzelnen Schichten haben sich etwas gesetzt.

Das Gartenjahr haltbar machen

Nahezu das ganze Gartenjahr über immer wieder die unterschiedlichsten Gemüse- und Obstsorten aus dem eigenen Garten oder vom örtlichen Wochenmarkt verfügbar zu haben, ist ein großes Privileg. Um in den Wintermonaten, in denen auch hier das Sortenangebot deutlich schwindet, aus dem Vollen schöpfen zu können, lege und koche ich viel Erntegut ein, trockne, dörre und mache auf unterschiedlichste Weise haltbar. So kann ich auch in den kälteren Monaten einfach in die Vorratskammer oder den Keller laufen und ein Gläschen oder eine Flasche meiner Wahl herausziehen. Und eines ist garantiert: Aromatische Tomatensoße, fruchtige Marmelade und herrlich süßer Sirup schmecken auch im Winter toll.

Um Gemüse und Obst haltbar zu machen, gibt es unzählige Möglichkeiten. So kann Erntegut in Essig oder Öl eingelegt, eingekocht, fermentiert oder getrocknet werden. Ein spezieller Einkochautomat kann dabei helfen, die eigene Ernte für viele Monate haltbar zu machen. Hier werden die einzukochenden Lebensmittel in Gläsern über einen gewissen Zeitraum erhitzt und so konserviert. Hitze spielt allgemein beim Haltbarmachen eine sehr große Rolle. Beim Erhitzen werden schädliche Keime abgetötet und im Glas entsteht so ein Vakuum, welches für die Haltbarkeit von großer Bedeutung ist.

Auch Einfrieren ist bei vielen Sorten eine gute Möglichkeit, um Ernteüberschuss für einen späteren Zeitpunkt aufheben zu können, denn so bleiben Nährstoffe optimal erhalten und alles kann leicht vorportioniert werden.

Das Wichtigste beim Einlegen, Einkochen und Haltbarmachen ist das hygienisch einwandfreie Arbeiten, das Benutzen von intakten Küchenutensilien, sauberen Arbeitsflächen, gut verschließbaren, sterilisierten Gläsern und Flaschen sowie frischen, hochwertigen Lebensmitteln mit optimalem Reifegrad. Beschädigte oder überreife Lebensmittel sollten umgehend aussortiert werden und eignen sich nicht für die Haltbarmachung.

Bei richtiger, also dunkler, kühler und trockener Lagerung sind eingelegte und eingekochte Lebensmittel bis zu mehrere Wochen und Monate haltbar.

BOTULISMUS

Botulismus ist eine durch Bakterien hervorgerufene Lebensmittelvergiftung, welche ihren Ursprung oft in unsachgemäß eingekochten Lebensmitteln findet. Oft erkennt man mit Bakterien befallene Gläser an gewölbten Deckeln. Diese sollten sofort aussortiert werden.

GUT ZU WISSEN

Vor dem Verzehr eines frisch geöffneten Glases aus der eigenen Vorratskammer sollte stets die Unversehrtheit, der Geruch und das Aussehen kontrolliert werden. Auch ein kurzer Geschmackstest kann dabei helfen, verdorbene Gläser und Flaschen ausfindig zu machen.

Gläser und Flaschen prüfe ich zuerst auf ihre Unversehrtheit. Gläser mit Sprung, herausgebrochenen Teilen oder Flecken werden sofort aussortiert. Hier können auch durch haarfeine Risse im Glas Luft oder Bakterien in das Glasinnere gelangen und den Inhalt somit innerhalb nur kürzester Zeit ungenießbar machen. Rostige Deckel, poröse Dichtungsgummis oder Korken können hingegen problemlos ausgetauscht werden.
Bevor der eigentliche Vorgang des Einkochens oder Einlegens beginnen kann, müssen Gläser und Flaschen in jedem Fall einwandfrei sauber und steril sein. Ansonsten setzen die Gläser schnell Schimmel an. Ich sterilisiere meine Gläser am liebsten im Backofen.

STERILISATION IM BACKOFEN

bereits gespülte Gläser und Flaschen
Backblech
sauberes Geschirrtuch
Backofen

SO GEHT'S

Zunächst wird ein Backblech mit einem sauberen Geschirrtuch ausgelegt. Die sauberen, vorgespülten Gläser und Flaschen werden darauf mit Öffnung nach unten verteilt und die jeweiligen Deckel daneben platziert. Bei 150 °C Ober-/Unterhitze kommt nun alles für 15 Minuten in den Ofen. Gummiringe von Einmachgläsern können für einige Minuten in einem Topf mit kochendem Wasser und einem Schuss Essig ausgekocht werden.

Die Sterilisation der Einmachgläser sollte direkt vor der Befüllung erfolgen. Am besten verbleiben die sterilisierten Gläser und Deckel bis dahin im abgeschalteten, noch warmen Backofen und die Gummiringe im Essigwasser. So ist die Temperaturdifferenz zwischen Einmachglas und Einkochgut nicht zu hoch und man minimiert das Risiko von haarfeinen Sprüngen durch plötzliche Hitze im Glas beim Abfüllen. Auch das Entnehmen der Gläser aus dem Ofen sollte mit sauberen Händen und einem sauberen Geschirrtuch erfolgen, ohne den oberen Rand oder das Innere des Glases zu berühren. Beim Abfüllen ins Glas darf der Gläserrand zudem auch nicht beschmutzt werden, hier bilden sich ansonsten schnell schädliche Keime und Schimmel.

Neben dem Sterilisieren der Gläser ist auch Einkochen im Backofen möglich. Hierzu am besten die jeweilige Gebrauchsanleitung des Elektrogeräts zuziehen.

Eingelegte getrocknete Tomaten

Bei unseren zahlreichen Grillabenden im Sommer gibt es fast immer selbstgemachtes Brot, Fladen oder auch Focaccia. Frische wie auch getrocknete Tomaten lassen sich wunderbar in den jeweiligen Teig einarbeiten oder kommen kurz vor dem Backen zusammen mit Kräutern, Gewürzen und eingelegtem oder frischem Knoblauch obendrauf.

ZUTATEN FÜR 2 GLÄSER A 200 ML

500 g reife Tomaten
mit eher festem Fruchtfleisch
2 Knoblauchzehen
2–3 Schalotten
Salz und Pfeffer
2 frische Zweige Oregano
1 frischer Zweig Rosmarin
neutrales Öl

SO GEHT'S

Den Backofen auf 100 °C Umluft vorheizen. Die Tomaten waschen und je nach Größe halbieren oder in Scheiben schneiden. Die Knoblauchzehen schälen, etwas mit dem Handballen andrücken und die Schalotten ebenfalls schälen und in Ringe schneiden. Tomaten, Knoblauch und Schalotten zusammen auf einem mit Backpapier ausgelegten Backblech verteilen und mit Salz und Pfeffer großzügig bestreuen. Je nach Feuchtigkeitsgehalt der Tomaten alles im Ofen trocknen und dabei einen Holzkochlöffel in die Backofentür klemmen. So kann entstehende Feuchtigkeit entweichen. Je nach Art und Größe der Tomaten kann dies 1,5–6 Stunden dauern. Sind die Tomaten gut durchgetrocknet, können Kräuter wie auch Tomaten auf sterilisierte, gut verschließbare Gläser aufgeteilt und mit Öl bis kurz unter den Rand des Glases bedeckt werden. Im Kühlschrank aufbewahrt halten sich die eingelegten Tomaten bis zu 3 Monate.

ZERO-WASTE-TIPP

Das im Glas verbleibende Würzöl kann für Salatsoßen oder Marinaden weiterverwendet werden.

Tomaten-Focaccia für spontane Grillabende

ZUTATEN FÜR 1–2 MITTELGROSSE FLADEN

280 ml lauwarmes Wasser
1 TL Zucker
1 Pck. Trockenhefe
80 g Hartweizengrieß
375 g Mehl
½ TL Salz
Öl zum Bestreichen
getrocknete oder frische Tomaten,
Knoblauchzehen, Kräuter und Salzflocken
zum Bestreuen (optional)

SO GEHT'S

Das lauwarme Wasser, den Zucker und die Hefe in einer Schüssel mischen und 10 Minuten stehen lassen. Danach Grieß, Mehl und Salz hinzufügen und gut durchkneten. Abgedeckt in einer größeren Schüssel für 1–2 Stunden gehen lassen und anschließend auf einem mit Backpapier ausgelegten Backblech mit den Händen ausbreiten. Mit den Fingerkuppen Mulden in den Teig drücken, mit etwas Öl einstreichen und nach Belieben mit getrockneten oder frischen Tomaten, Knoblauchzehen, Kräutern und Salzflocken bestreuen. Für 25 Minuten bei 200 °C Ober-/Unterhitze im Backofen backen und am besten noch lauwarm genießen.

Sugo aus Sommer-gemüse

ZUTATEN FÜR 2–3 FLASCHEN À 0,5 L

200 g Zucchini
2 Spitzpaprika
500 g sehr reife Tomaten
3 Schalotten
2 kleinere Karotten
½ Knollensellerie
neutrales Öl zum Anbraten
2 TL Knoblauchpaste
(Rezept Seite 33)
1 EL Tomatenmark
1 TL brauner Zucker
100 ml dunkler Balsamicoessig
Salz und Pfeffer
2 TL Gemüsewürzpaste
(Rezept Seite 43)

SO GEHT'S

Zucchini, Spitzpaprika und Tomaten waschen und in kleine Würfel schneiden. Schalotten, Karotten und Knollensellerie schälen, ebenfalls in kleine Würfel schneiden und in neutralem Öl in einem großen Topf anschwitzen. Zucchini, Spitzpaprika, Tomaten und Knoblauchpaste zugeben und kurz mitbraten. Das Tomatenmark und den braunen Zucker zum Gemüse in den Topf geben und die Temperatur für 1–2 Minuten hochdrehen, alles mit Balsamicoessig ablöschen und kurz einkochen lassen. Den Sugo mit Salz, Pfeffer und Gemüsewürzpaste abschmecken und unter gelegentlichem Umrühren zugedeckt mindestens 30 Minuten leicht köcheln lassen. Noch heiß in sterilisierte, gut verschließbare Gläser füllen. Zum Einkochen die Sugogläser in einen sehr großen Kochtopf stellen, diesen so mit Wasser befüllen, dass die Gläser mindestens zu zwei Dritteln im Wasser stehen. Das Wasser auf 90 °C erhitzen und den Sugo bei geschlossenem Deckel für 1 Stunde bei gleichbleibender Wassertemperatur einkochen. Dunkel und trocken gelagert ist der sommerliche Sugo so bis zu 1 Jahr haltbar.

Mildes Aivar aus aromatischen Spitzpaprika

ZUTATEN FÜR 1 GLAS À 220 ml

4 Spitzpaprikaschoten
1–2 TL Knoblauchpaste (Rezept Seite 33)
50 ml Öl
½ rote Zwiebel
2 EL Tomatenmark
1 EL Essig
2–3 Prisen Rauchsalz oder Salz
½ TL brauner Zucker

SO GEHT'S

Die Paprikaschoten waschen, längs halbieren und das Kerngehäuse entfernen. Die Innenseiten der Schotenhälften mit Knoblauchpaste einpinseln und mit der Haut nach oben auf ein mit Backpapier belegtes Backblech legen, die Haut mit Öl bepinseln und bei 220 °C Ober-/Unterhitze für 15 Minuten im Ofen rösten. Am Ende sollte die Haut Blasen werfen und gut gebräunt bis fast schwarz sein. Die Paprikaschoten aus dem Ofen nehmen, mit einem feuchten Geschirrtuch abdecken und auskühlen lassen. Sind die Schoten vollständig abgekühlt, lässt sich die Haut der Paprika mit Hilfe eines kleinen Messers leicht abziehen.

Die rote Zwiebel nun schälen, in kleine Würfel schneiden und mit Tomatenmark in etwas Öl anschwitzen. Nach ein paar Minuten die gehäutete Spitzpaprika zugeben und mit Essig ablöschen. Mit Salz und Zucker abschmecken und für einige Sekunden in einen Mixer geben. Nach dem Zerkleinern nochmals in einen Topf umfüllen, aufkochen lassen und für ungefähr 20 Minuten leicht weiterköcheln lassen.

Zum Schluss in sterilisierte, gut verschließbare Gläser füllen und bis zum Verzehr im Kühlschrank aufbewahren. Das Aivar ist dort bis zu 3 Wochen haltbar und sollte, ähnlich wie Pesto, nach jeder Entnahme mit etwas Öl bedeckt werden.

Grüne Pestovarianten

Pesto aus Radieschengrün

ZUTATEN FÜR 1–2 GLÄSER À 75ML
2 Handvoll Radieschengrün
1 TL Knoblauchpaste (Rezept Seite 33)
¼–½ TL Gemüsebrühpulver (Rezept Seite 40)
100 g Parmesankäse
100 g Walnüsse
100 ml neutrales Öl +
etwas Öl zum Bedecken im Glas

Pesto aus Karottengrün und Feldsalat

ZUTATEN FÜR 1–2 GLÄSER À 75 ML
1 Handvoll Karottengrün
1 Handvoll Feldsalat
¼–½ TL Gemüsebrühpulver (Rezept Seite 40)
100 g Parmesankäse
100 g Walnüsse
100 ml neutrales Öl +
etwas Öl zum Bedecken im Glas

Pesto aus Rucola und Spinat

ZUTATEN FÜR 1–2 GLÄSER À 75 ML

50 g Rucola
50 g Spinatblätter
1 TL Knoblauchpaste (Rezept Seite 33)
¼–½ TL Gemüsebrühpulver (Rezept Seite 40)
100 g Parmesankäse
100 g Pinienkerne
100 ml neutrales Öl +
etwas Öl zum Bedecken im Glas

Pesto aus Löwenzahnblättern

ZUTATEN FÜR 1–2 GLÄSER À 75 ML

1–2 Handvoll Löwenzahnblätter
1 TL Knoblauchpaste (Rezept Seite 33)
¼–½ TL Gemüsebrühpulver (Rezept Seite 40)
100 g Parmesankäse
100 g Sonnenblumenkerne
100 ml neutrales Öl +
etwas Öl zum Bedecken im Glas

SO GEHT'S

Das jeweilige Grün kurz unter fließendem Wasser abwaschen, zusammen mit den restlichen Zutaten in einen leistungsstarken Mixer geben und bis zur gewünschten Konsistenz zerkleinern. Das Pesto kann sofort mit Nudeln serviert oder in gut verschließbare, sterilisierte Gläser abgefüllt werden. Einmal geöffnet, ist das Pesto im Glas etwa 1 Woche haltbar. Zum Entnehmen einen sauberen Löffel verwenden. Die Oberfläche sollte nach jedem Entnehmen mit etwas Öl bedeckt werden. Ungeöffnet ist das Pesto bis zu 3 Wochen haltbar. Beides sollte im Kühlschrank aufbewahrt werden. Für eine längere Haltbarkeit kann Pesto ganz einfach im Glas eingefroren oder im Einkochautomaten, Kochtopf oder Backofen eingekocht werden.

Grillbutter-varianten

Bärlauch-Kräuterbutter

ZUTATEN FÜR CA. 150 G

100 g weiche Butter
1 Handvoll frischer Bärlauch
½ Handvoll frischer Schnittlauch
½ Handvoll frische Petersilie
Salz und Pfeffer
etwas Café-de-Paris-Gewürz

Zwiebel-Speck-Grillbutter

ZUTATEN FÜR CA. 150 G

100 g weiche Butter
100 g Speckwürfel
1 kleinere Zwiebel
1–2 TL neutrales Öl
Salz und Pfeffer
1–2 TL Mehl

Scharfe Tomatenbutter

ZUTATEN FÜR CA. 150 G

100 g weiche Butter
½ frische, kleine Chilischote
½ TL Knoblauchpaste (Rezept Seite 33)
½ TL Tomatenmark (Rezept Seite 44)
10 getrocknete, in Öl eingelegte Tomatenstücke (Rezept Seite 165)
Salz und Pfeffer

Knoblauch-Feta-Butter mit Walnüssen

ZUTATEN FÜR CA. 180 G

75 g weiche Butter
75 g Fetakäse
1 Handvoll Walnüsse
1 TL Knoblauchpaste
Salz und Pfeffer

SO GEHT'S

Die Butter 1 Stunde vorher aus dem Kühlschrank nehmen. So wird diese schön weich und lässt sich besser weiterverarbeiten und mit den anderen Zutaten mischen. Je nach Art der Kräuter- oder Würzbutter die Zutaten gut waschen, putzen oder schälen und klein schneiden. Zum Schluss alle Zutaten in einen leistungsstarken Mixer geben und zu einer homogenen Masse mixen. Möchte man die Butter zu einer Rolle formen, die Arbeitsplatte mit einem größeren Stück Frischhaltefolie auslegen und die Butter längs mit einem Esslöffel in gewünschter Länge der Rolle daraufgeben. Die Butter in die Frischhaltefolie einschlagen und die Enden mit Küchengarn zubinden. Im Kühlschrank nun für 1–2 Stunden fest werden lassen. Frisch zubereitet, ist die Butter bis zu 1 Woche haltbar. Um sie länger haltbar zu machen, kann die zubereitete Butter ganz einfach eingefroren werden. In Eiswürfelbehältern kann sie so vorportioniert werden. So ist sie bis zu einem halben Jahr haltbar.

Gänseblümchensirup

Ich kann mich daran erinnern, dass ich als Kind auf dem Schulweg mit meinen Freundinnen Gänseblümchen gepflückt und zuhause meiner Mutter geschenkt habe. Manchmal wurden auch schöne Haarkränze daraus oder lange Ketten zum Umhängen. Auch jetzt hüpft mein Herz beim Anblick einer Gänseblümchenwiese und den unzähligen Verarbeitungsmöglichkeiten für dieses kleine, zarte Blümchen.

GUT ZU WISSEN

Der Gänseblümchensirup schmeckt als blumige Aromazugabe im eisgekühlten Prosecco oder in Mineralwasser als Gänseblümchenlimonade.

ZUTATEN FÜR 2 FLASCHEN À 200 ML

4 Handvoll Gänseblümchen
500 ml Wasser
375 g brauner Zucker
1 TL Honig

SO GEHT'S

Die Gänseblümchen leicht ausschütteln, um kleinere Tierchen zu entfernen und anschließend in ein größeres Einmachglas geben. Das Wasser in einem mittelgroßen Topf zum Kochen bringen und noch heiß über die Gänseblümchen schütten. Das Einmachglas schließen und den Sud über Nacht durchziehen lassen. Den Sud am nächsten Tag durch ein sauberes Geschirrtuch oder ein feines Sieb geben und die Blümchen gut ausdrücken. Die aufgefangene Flüssigkeit mit Zucker und Honig aufkochen und einige Minuten bei mittlerer Hitze einkochen, bis diese eindickt. Den Sirup noch heiß in sterilisierte, gut verschließbare Flaschen füllen und kühl und trocken lagern. Angebrochene Flaschen im Kühlschrank aufbewahren und zügig aufbrauchen. Verschlossene Flaschen sind dank des hohen Zuckeranteils bis zu 6 Monate haltbar.

Gänseblümchensalz

ZUTATEN FÜR 2 KLEINE GLÄSCHEN À 100 ML

150 g grobes Salz
2 Handvoll frisch gepflückte Gänseblümchen

SO GEHT'S

Das Salz zusammen mit den frischen Gänseblümchen in einen leistungsstarken Mixer geben und zerkleinern. Das Gänseblümchensalz ist nach dem Zerkleinern noch sehr feucht. Um es in Gläschen abzufüllen, muss es vollständig austrocknen. Dafür einfach das feuchte Salz auf ein mit Backpapier ausgelegtes Backblech streichen und dieses für 24 Stunden offen stehenlassen. Das Salz passt besonders gut zu Eiern und Eiergerichten und ist bis zu 1 Jahr haltbar.

Sauer eingelegte Knoblauchstängel

In meinem Garten wächst seit letztem Jahr Knoblauch wild. Die lauchartigen Stängel, welche aus der Knolle wachsen, sehen nicht nur schön aus, sondern sind auch essbar und lassen sich zusammen mit nur wenigen Zutaten einlegen.

ZUTATEN FÜR 2 GLÄSER À 200 ML

1 Handvoll Knoblauchstängel
1 TL Senfsaat
100 ml heller Balsamicoessig
100 ml Wasser

SO GEHT'S

Die festen Stängel ernten und die Blüte, falls schon vorhanden, wegschneiden. Die Knoblauchstängel in ein mittelgroßes, sterilisiertes Einmachglas geben und die Senfsaat darüberstreuen. Den Essig zusammen mit dem Wasser kurz aufkochen und für einige Minuten köcheln lassen. Das Gemisch zum Knoblauch ins Glas füllen, bis dieser vollständig bedeckt ist. Das Glas gut verschließen und 1–2 Wochen durchziehen lassen. Anschließend sind die Knoblauchstängel verschlossen ca. 6 Monate haltbar. Nach dem Öffnen sollte das Glas im Kühlschrank aufbewahrt und innerhalb weniger Tage aufgebraucht werden.

Herbstliches Pilzpesto

Würziges Pilzpesto ist die perfekte herbstliche Alternative zu herkömmlichen grünen Pestovariationen.

ZUTATEN FÜR 2 KLEINE GLÄSER À 200 ML

150 g braune Champignons
150 g Kräuterseitlinge
1 kleinere rote Zwiebel
1 TL Knoblauchpaste (Rezept Seite 33)
1 EL neutrales Öl
Salz und Pfeffer
75 g Parmesankäse

SO GEHT'S

Die Pilze putzen und in kleine Würfel schneiden. Die rote Zwiebel schälen, ebenfalls in kleine Würfel schneiden und zusammen mit den Pilzen, der Knoblauchpaste und dem Öl in einer beschichteten Pfanne für einige Minuten dünsten, bis die Pilze zu bräunen beginnen. Alles mit Salz und Pfeffer würzen und zusammen mit dem Parmesankäse in einen leistungsstarken Mixer geben. Das Pilzpesto bis zur gewünschten Konsistenz zerkleinern und noch warm in ein sterilisiertes, gut verschließbares Glas füllen und mit einer dünnen Schicht Öl bedecken. Im Kühlschrank hält es sich bis zu 3 Wochen.

Getrocknete Pilze

Um immer aromatische Pilze in der Küche zur Verfügung zu haben, trockne ich mir ein- bis zweimal im Jahr größere Mengen davon im Backofen. Getrocknete Pilze sind würzig, voller Aroma und schmecken in Soßen, Risottos oder auch auf Pizzen.

ZUTATEN FÜR CA. 100 G

1 kg frische Pilze (Champignons, Pfifferlinge, Kräutersaitlinge, Steinpilze)

SO GEHT'S

Die Pilze mit einer weichen kleinen Bürste säubern, die Stielenden abschneiden und den Rest in dünne Scheiben schneiden. Den Backofen auf 50 °C Umluft vorheizen und die Scheiben auf 2–3 mit Backpapier belegte Backbleche verteilen. Die Pilze im Backofen für mindestens 5 Stunden unter mehrmaligem Wenden trocknen lassen. Hierbei einen Holzkochlöffel in die Ofentür klemmen, um Feuchtigkeit verdampfen zu lassen. Sind die Pilze durchgetrocknet, die Backbleche aus dem Ofen nehmen, vollständig auskühlen lassen und die Pilze luftdicht, kühl und dunkel verschlossen verstauen. So gelagert sind die Pilze bis zu 1 Jahr haltbar. Um die getrockneten Pilze weiterzuverarbeiten, diese für 30 Minuten in lauwarmem Wasser einweichen und anschließend leicht ausdrücken. So eignen sie sich für Risotto, Soßen und Suppen.

GUT ZU WISSEN

Möchte man die in Pilzen enthaltenen Vitamine und Nährstoffe möglichst erhalten, sollte man beim Trocknen auf eine niedrige Temperatur achten. Bei höheren Temperaturen trocknen die Pilze zwar deutlich schneller, werden aber auch schnell dunkel und verlieren ihr natürliches Aroma.

Süße Chili-Soße mit Meerrettich

Süßlich-scharfe, selbstgemachte Chili-Soße darf bei uns im Vorratsschrank nicht fehlen. Zu gegrilltem Fleisch, Ofenkartoffeln oder auf selbstgemachten Burgern – diese Soße ist ein Muss.

ZUTATEN FÜR 2 FLASCHEN À 200 ML

2 Schalotten
1 daumengroßes Stück Meerrettich
300 g frische Chilischoten
2 TL Knoblauchpaste (Rezept Seite 33)
1 l Wasser
300 g brauner Zucker
200 ml milder Weißweinessig
Salz
2 TL Speisestärke

SO GEHT'S

Die Schalotten und den Meerrettich schälen und ebenso wie die Chilischoten sehr klein schneiden. Mit der Knoblauchpaste vermischen. In einem größeren Topf das Wasser mit dem braunen Zucker, dem Weißweinessig und etwas Salz aufkochen, die Chili-Mischung zugeben und für weitere 30 Minuten leicht köcheln lassen.
2–3 EL der Flüssigkeit mit der Speisestärke glattrühren, langsam in die leicht köchelnde Soße geben und unter Rühren nochmals aufkochen lassen. Jetzt alles in sterilisierte, gut verschließbare Flaschen füllen und bis zum Verzehr im Kühlschrank aufbewahren. Die Soße ist dank Zucker und Weißweinessig bis zu 4 Wochen haltbar.

Chilis im eigenen Garten

Chilipflanzen mögen einen sonnigen, windgeschützten Standort. Gute Beetpartner sind Salate, Radieschen, Petersilie und Basilikum. Vor und während der Fruchtausbildung sollte die Chilipflanze unbedingt gut gegossen werden. Steht die Pflanze zu trocken, wirft sie mit hoher Wahrscheinlichkeit Blüten und Fruchtansätze ab. Der optimale Erntezeitpunkt und das volle Aroma sind gekommen, wenn die Frucht ihre endgültige Farbe erreicht hat. Geerntete Chilis haben eine kurze Haltbarkeit und sollten nicht im Kühlschrank aufbewahrt werden.

CHILLI-

WILDE
HILDE

Wilde Hilde oder Rhabarber-Erdbeer-Aufstrich mit Vanille

In den Sommermonaten ist mein Garten beinahe an jeder freien Stelle voll mit wild wachsenden Erdbeeren. Die kleinen Früchte sind herrlich aromatisch süß und werden bei meinen Streifzügen durch den Garten auch gerne mal einfach so nebenher weggenascht. Bleiben doch mal welche übrig, koche ich meist Aufstrich daraus. Meine Lieblingskombination ist schon seit mehreren Jahren Rhabarber, Erdbeere und Vanille.

ZERO-WASTE-TIPP

Ausgekratzte Vanilleschoten müssen nicht im Müll landen. Die Schote einfach in ein Glas mit Zucker oder Salz stecken, einige Zeit durchziehen lassen und gelegentlich schütteln. So entsteht herrlich aromatischer, selbstgemachter Vanillezucker ohne künstliche Zusätze. Das gleiche funktioniert auch mit Salz – so entsteht eine köstliche Aromabombe, welche super zu Fleisch und Fisch passt.

DER AUFSTRICH GELIERT NICHT?

Wahrscheinlich wurde er zu wenig erhitzt. Der Gelierpunkt liegt bei ungefähr 105 °C. Alles zurück in den Topf geben und erneut aufkochen lassen. Die Temperatur zur Sicherheit mit einem wasserdichten Küchenthermometer überprüfen.

ZUTATEN FÜR 5 GLÄSER A 200 ML

700 g Rhabarber
500 g frische Erdbeeren
2 Vanilleschoten
1 kg Gelierzucker 1:1

SO GEHT'S

Die Rhabarberstangen schälen, das untere Ende abschneiden und in 1 Zentimeter dicke Stücke schneiden. Die Erdbeeren kurz unter fließendem Wasser abwaschen, vom grünen Strunk befreien und in kleine Stücke schneiden. Das Mark aus den Vanilleschoten kratzen. Alle Zutaten in einen mittelgroßen Topf geben, kurz umrühren und für 1–2 Stunden durchziehen lassen. So zieht der Zucker das Wasser aus dem Rhabarber und den Erdbeeren. Anschließend kurz aufkochen lassen und für ungefähr 15 Minuten bei mittlerer Hitze weiterköcheln lassen, bis der Rhabarber weich wird, dabei gelegentlich umrühren und eindicken lassen. Zum Schluss die Vanilleschote herausnehmen und die noch heiße Marmelade in sterilisierte Gläser füllen, diese gut verschließen und vollständig auskühlen lassen. Kühl, trocken und verschlossen ist der Aufstrich bis zu 1 Jahr haltbar. Die Gläser nach dem Öffnen im Kühlschrank aufbewahren, den Aufstrich nur mit sauberen Löffeln oder Messern entnehmen und zügig aufbrauchen.

Holunderblüten-Essig

In der Zeit von Ende Mai bis Juli beginnt der Schwarze Holunder seine weißen Blütendolden auszubilden und verströmt seinen unwiderstehlichen Duft. Um den Geruch und den Geschmack einzufangen, ist das Aromatisieren einer milden Essigsorte wunderbar geeignet und passt so zu sommerlichen, leichten Salaten, gegrilltem Fleisch und Fisch.

HOLUNDERBLÜTEN RICHTIG ERNTEN

Holunderblütendolden am besten an einem trockenen, sonnigen Nachmittag einsammeln. So haben sie am Vormittag ihr volles Aroma in der Sonne entfalten können. Nach dem Pflücken die Dolden nicht abwaschen, sondern nur leicht ausschütteln und locker im Korb transportieren. Kleinere Insekten können so entweichen, der aromatische Blütenstaub geht nicht verloren und der Essig wird deutlich schmackhafter.

ZUTATEN FÜR 2 FLASCHEN À 200 ML

8–10 frisch gepflückte Holunderblütendolden
500 ml milder Apfel- oder Weißweinessig

SO GEHT'S

Die Blüten komplett von den sonst später bitter schmeckenden Stängeln befreien und in ein größeres, sterilisiertes, gut verschließbares Einmachglas schichten. Das Glas so mit Essig befüllen, dass alle Blüten vollständig bedeckt sind. Das Glas gut verschließen und den Essig an einem kühlen Ort ca. 3 Wochen ziehen lassen. Anschließend durch ein feines Küchensieb filtern und in kleinere Flaschen füllen. Dunkel und kühl gelagert hält der Essig bis zu 2 Jahre.

Kapuzinerkresse-Essig

Auch aus den Blüten der Kapuzinerkresse lässt sich wunderbar aromatisch-scharfer Essig ansetzen.

ZUTATEN FÜR 2 FLASCHEN À 200 ML

1–2 Handvoll frische Blüten und Blätter
400 ml milder Weißweinessig
oder Apfelessig
optional 2–3 Knoblauchzehen

SO GEHT'S

Die Blätter der Kapuzinerkresse zusammen mit den Blüten locker in eine sterilisierte Glasflasche oder ein Einmachglas geben und mit Essig auffüllen. Gut verschlossen darf der Essig so 2–3 Wochen bei Zimmertemperatur möglichst lichtgeschützt ziehen. Anschließend die Blüten und Blätter durch ein feines Küchensieb abseihen. Richtig gelagert ist der aromatisierte Essig bis zu 2 Jahre haltbar.

GUT ZU WISSEN

Neben zahlreichen Verwendungsmöglichkeiten in der Küche ist die Kapuzinerkresse auch im Garten überaus nützlich. Ins Gemüsebeet gepflanzt, zieht sie Blattläuse an und hält sie so von anderen Gemüsepflanzen fern. Schnecken und Ameisen mögen den Duft der Kresse absolut nicht – diese meiden so also auch Nachbarpflanzen im Beet.

Holunder-blütensirup

Neben Essig lässt sich aus frisch geernteten Holunderblüten auch leckerer Sirup herstellen. Die Verwendungsmöglichkeiten kennen nahezu kein Ende. Ich verwende ihn vor allem in Sommerlichen Getränken, aber auch gerne in süß-säuerlichen Salatdressings oder als Topping für Süßspeisen und Eis.

ZUTATEN FÜR 2 FLASCHE A 200 ML

1 l Wasser
750 g brauner Zucker
15 frische Holunderblütendolden
1–2 Bio-Zitronen
15 g Zitronensäure

SO GEHT'S

1 l Wasser mit der gesamten Menge Zucker in einen mittelgroßen Topf geben und aufkochen lassen. Ohne Deckel weiterköcheln lassen, bis die Flüssigkeit beginnt etwas einzudicken.

In der Zwischenzeit die Holunderblüten etwas kopfüber ausschütteln und die einzelnen Blüten abzupfen. Die Zitronen in dünne Scheiben schneiden. Den Zuckersirup etwas abkühlen lassen und die Zitronensäure einrühren. Die einzelnen Holunderblüten zusammen mit den Zitronenscheiben in ein großes, sauberes, gut verschließbares Einmachglas geben, alles mit dem noch warmen Sirup aufgießen und das Glas gut verschließen.

Den Aufguss so einige Tage an einem kühlen und trockenen Ort ziehen lassen und regelmäßig schütteln oder mit einem sauberen Löffel umrühren. Danach alles durch ein feines Sieb oder ein sauberes Geschirrtuch geben und in ausgekochte, gut verschließbare Flaschen füllen. Durch den Zuckergehalt und die Zitronensäure ist der Sirup dunkel und trocken gelagert bis zu 2 Jahre haltbar. Geöffnete Flaschen am besten im Kühlschrank aufbewahren und zügig aufbrauchen.

HOLUNDER-BLÜTEN SAMMELN

Wer keinen Holunder im eigenen Garten hat, findet diesen auch oft an Waldrändern. Die weißen kleinen Blüten können etwa in der Zeit von Ende Mai bis Ende Juli am besten an einem trockenen, warmen Nachmittag gesammelt werden. Auch hier gilt, immer nur einzelne, vollständig geöffnete Dolden absammeln und nur so viel, wie auch wirklich benötigt und verwendet wird. Sollten mal Blüten übrig bleiben, können diese im Backofen getrocknet werden und schmecken im Müsli oder im Naturjoghurt.

Aromatisierter Wodka mit Rhabarber und Erdbeeren

Herkömmlicher Wodka lässt sich super mit frischem oder auch gefrorenem Obst aromatisieren. Dazu braucht es nur wenige Zutaten und etwas Geduld.

ZUTATEN FÜR CA. 400–450 ML

300 g frischer Rhabarber
300 g frische Erdbeeren
175 g Zucker
1 Vanilleschote
400 ml Wodka

REZEPTIDEE FÜR EINEN ERFRISCHENDEN SOMMER-COCKTAIL

20 ml aromatisierten Erdbeer-Wodka mit etwas Limettensaft, 100 ml Mineralwasser und 1–2 TL Rhabarber-Erdbeer-Sirup mixen. Ein Glas mit Crushed Ice füllen, die Cocktailmischung eingießen und alles mit Beeren dekorieren.

SO GEHT'S

Den Rhabarber gründlich waschen und schälen. Erdbeeren waschen und vom Grün befreien. Rhabarber und Erdbeeren in kleine Stücke schneiden. Beides in einer größeren Schüssel mit dem Zucker vermengen, die Vanilleschote hinzufügen und alles einige Stunden, am besten jedoch über Nacht, zugedeckt ziehen lassen. Rhabarber, Erdbeeren, Zucker und ausgetretenen Saft in ein sauberes, großes, gut verschließbares Glas füllen, so weit mit Wodka auffüllen, dass alles bedeckt ist, gut verschließen und für mindestens 3 Monate ziehen lassen. Danach alles durch ein sauberes Küchentuch oder feines Sieb filtern und den aufgefangenen Wodka in sterilisierte Flaschen abfüllen. Der Wodka ist bis zu 1 Jahr haltbar.

Rhabarber-Erdbeer-Sirup

ZUTATEN FÜR 3–4 KLEINE FLASCHEN À 200 ML

500 g Rhabarber
300 g Erdbeeren
300 ml Wasser
300 g Zucker
Saft einer Bio-Zitrone

SO GEHT'S

Den Rhabarber schälen und die Erdbeeren vom Grün befreien. Beides in kleine Stücke schneiden und zusammen mit dem Wasser, dem Zucker und dem Saft der Zitrone in einem mittelgroßen Topf kurz aufkochen und dann so lange weiter bei mittlerer Hitze köcheln lassen, bis der Rhabarber weich wird. Anschließend durch ein feines Küchensieb oder sauberes Geschirrtuch filtern und die Flüssigkeit auffangen. Den so entstandenen Sirup nochmals aufkochen lassen und noch heiß in sterilisierte, gut verschließbare Flaschen füllen. Kühl und trocken gelagert ist der Sirup nun bis zu 1 Jahr haltbar. Geöffnete Flaschen am besten im Kühlschrank aufbewahren und zügig aufbrauchen.

Pinkes Gurkenrelish mit roten Zwiebeln

Ein leicht säuerliches Gurkenrelish darf hier im Sommer bei keinem Grillfest fehlen, passt aber auch ebenso gut zu Burgern oder auf den Vespertisch. Die leichte Schärfe der Senfkörner harmoniert perfekt mit der Frische der Gurken, den Gewürzen und den Kräutern. Die roten Zwiebeln geben die einzigartige Farbe und machen das Relish zu einem wahren Hingucker.

ZUTATEN FÜR 2 GLÄSER À 200 ML

250 g Salatgurke
2 kleinere rote Zwiebeln
15 g Salz + Salz und Pfeffer zum Abschmecken
150 ml milder Weißweinessig
120 g Zucker
2 TL Senfkörner
2 Stiele Dill

SO GEHT'S

Salatgurken schälen, längs halbieren, entkernen und fein hobeln. Die roten Zwiebeln ebenfalls schälen und sehr klein schneiden. Gehobelte Gurken, Zwiebelwürfel und Salz in eine Schüssel geben, vermengen und für 1–2 Stunden durchziehen lassen. Weißweinessig mit Zucker, Senfkörnern, Salz und Pfeffer in einem mittelgroßen Topf aufkochen und für 5–10 Minuten leicht köcheln lassen. Salatgurken- und Zwiebelwürfel in einem sauberen Geschirrtuch ausdrücken, zugeben, nochmals kurz aufkochen und bei mittlerer Hitze für einige Minuten einkochen. Den Dill von seinen Stielen abzupfen, sehr fein hacken und zum Schluss hinzufügen. Das Relish noch heiß in sterilisierte, gut verschließbare Gläser füllen und kühl und trocken lagern. Das Gurkenrelish ist bis zu 1 Jahr haltbar.

Balsamicozwiebeln

ZUTATEN FÜR 2 GLÄSER À 200 ML
400 g kleine Zwiebeln
1 EL neutrales Öl
3 EL brauner Zucker
250 ml dunkler Balsamicoessig
50 ml Portwein
1 EL Pfefferkörner
2 TL Senfkörner
2 Lorbeerblätter

SO GEHT'S

Die Zwiebeln schälen und im Ganzen in einem kleinen Topf in etwas neutralem Öl bei schwacher Hitze dünsten. Die Zwiebeln nach ein paar Minuten mit braunem Zucker bestreuen und unter Rühren leicht karamellisieren. Alles mit Balsamicoessig und Portwein ablöschen, Pfefferkörner, Senfkörner und Lorbeerblätter hinzugeben, für 30 Minuten leicht köcheln lassen und anschließend in sterilisierte, gut verschließbare Gläser füllen. Ungeöffnet sind die Balsamicozwiebeln bis zu 1 Jahr haltbar. Nach dem Öffnen sollten sie im Kühlschrank aufbewahrt werden.

Süße Zwiebelmarmelade

ZUTATEN FÜR 2 KLEINERE GLÄSER À 200 ML
neutrales Öl zum Braten
400 g rote Zwiebeln
½ TL Knoblauchpaste (Rezept Seite 33)
1 Nelke
1 kleineres Lorbeerblatt
2 EL brauner Zucker
3 EL Rotweinessig
2 EL Rotwein

Zwiebeln im eigenen Garten

Zwiebeln lieben sonnige, luftige Standorte und gut durchlässigen Boden. Geschützte Standorte mögen Zwiebeln nicht, da zu viel Feuchtigkeit Pilzkrankheiten fördert. Deshalb Zwiebeln nie von oben gießen und dabei Laub und Knolle befeuchten. Geerntet werden kann, sobald das Laub beginnt gelb zu werden. Zwiebeln werden nach der Ernte zum Trocknen ausgelegt oder aufgehängt, um die äußersten Schalen abtrocknen zu lassen.

SO GEHT'S

Etwas Öl in einem größeren Topf erhitzen, Zwiebeln schälen, in dünne Scheiben schneiden und zum heißen Öl in den Topf geben. Knoblauchpaste, Nelke und Lorbeerblatt zugeben und alles für ungefähr 45 Minuten unter gelegentlichem Umrühren auf niedriger Stufe weichkochen, ohne die Zwiebeln zu bräunen. Anschließend den braunen Zucker darüberstreuen, die Zwiebeln leicht karamellisieren lassen und mit Rotweinessig und Rotwein ablöschen. Die Flüssigkeit kurz aufkochen, bis zur gewünschten Sämigkeit reduzieren, Nelke und Lorbeerblatt entfernen und die Zwiebelmarmelade in sterilisierte, gut verschließbare Gläser füllen. Im Kühlschrank aufbewahrt ist die Marmelade bis zu 3 Wochen haltbar und eignet sich super als Dip zu gegrilltem Fleisch oder Gemüse.

Apfel-Chili-Kürbis-Chutney

ZUTATEN FÜR 2 GLÄSER À 200 ML

2 Äpfel
2 Schalotten
½ kleinerer Hokkaidokürbis
½ TL Knoblauchpaste (Rezept Seite 33)
100 g brauner Zucker
100 ml milder Weißweinessig
80 ml naturtrüber Apfelsaft

SO GEHT'S

Die Äpfel und die Schalotten schälen, die Äpfel vom Kerngehäuse befreien und Äpfel und Schalotten in kleine Würfel schneiden. Den Hokkaido entkernen, klein schneiden und zusammen mit den restlichen Zutaten in einem mittelgroßen Topf kurz aufkochen und ca. 30 Minuten köcheln lassen. Ist der Kürbis weich und die Flüssigkeit reduziert, das Chutney noch heiß in sterilisierte, gut verschließbare Gläser füllen und diese gut verschließen. Das Chutney sollte einige Tage gut durchziehen, bevor es verwendet werden kann. Im Kühlschrank aufbewahrt ist es bis zu 3 Wochen haltbar.

Rote-Bete-Chutney

ZUTATEN FÜR CA. 2 GLÄSER À 200 ML

1 Apfel
2 Schalotten
250 g frische Rote Bete
½ TL Knoblauchpaste (Rezept Seite 33)
100 g brauner Zucker
100 ml Rotweinessig
80 ml naturtrüber Apfelsaft

SO GEHT'S

Den Apfel und die Schalotten schälen, den Apfel vom Kerngehäuse befreien und Apfel und Schalotten in kleine Würfel schneiden. Die Rote Bete schälen, ebenfalls klein schneiden und zusammen mit den restlichen Zutaten in einem mittelgroßen Topf kurz aufkochen und ca. 1,5 Stunden köcheln lassen, bis die Flüssigkeit deutlich reduziert ist. Das Chutney noch heiß in sterilisierte, gut verschließbare Gläser füllen und diese gut verschließen. Das Chutney sollte einige Tage gut durchziehen, bevor es verwendet werden kann. Im Kühlschrank aufbewahrt ist es bis zu 3 Wochen haltbar.

Rosenlikör

ZUTATEN FÜR 3–4 FLASCHEN À 200 ML

20 g ungespritzte frische Rosenblüten
½ Bio-Zitrone
175 g weißer Kandiszucker
750 ml weißer Rum

SO GEHT'S

Die Rosenblütenblätter vorsichtig auseinanderzupfen und etwas ausschütteln. Die Zitrone in Scheiben schneiden und zusammen mit den Blütenblättern in ein größeres, sterilisiertes, gut verschließbares Glas schichten und den Kandiszucker zugeben. Alles mit Rum übergießen und das Glas gut verschließen. Der Liköransatz sollte so ungefähr 6 Wochen durchziehen. Hierbei das Glas in regelmäßigen Abständen kurz durchschütteln. Danach die Flüssigkeit durch ein feines Küchensieb filtern und in einer sterilisierten, gut verschließbaren Flasche auffangen. Der Likör ist bis zu 2 Jahre haltbar.

Bratapfellikör

Seit mehreren Jahren in Folge wird bei uns im Herbst Bratapfellikör angesetzt. Meist aus einer wilden Mischung aus verschiedensten Äpfeln aus der Nachbarschaft. Schon der Geruch der Äpfel und Gewürze im Ofen weckt die Vorfreude auf den bevorstehenden Winter, dessen typische wärmende Getränke und Speisen, kuschelige Abende bei knisterndem Kaminfeuer und Spaziergänge im Schnee.

ZUTATEN FÜR 2 FLASCHEN À 300 ML

5 Äpfel
1–2 EL Zucker
1 TL Zimt
1–2 Zimtstangen
200 g Kandiszucker
1 Vanilleschote
Schale einer Bio-Zitrone
2 Sternanis
800 ml Doppelkorn

SO GEHT'S

Die Äpfel vierteln, vom Kerngehäuse befreien und auf ein mit Backpapier ausgelegtes Backblech legen. Alles gleichmäßig mit Zucker und Zimt bestreuen und für 20–25 Minuten bei 180 °C Ober-/Unterhitze in den Backofen geben. Währenddessen die restlichen Zutaten bis auf den Korn in ein größeres, gut verschließbares Einmachglas füllen. Nach Ablauf der Backzeit die karamellisierten Äpfel mit ausgetretenem Saft zu den restlichen Zutaten ins Glas geben und alles mit Doppelkorn übergießen. Das Einmachglas gut verschließen und an einem möglichst dunklen Ort 3–4 Wochen ziehen lassen und dabei gelegentlich schütteln oder umrühren. Anschließend alles durch ein feines Küchensieb oder ein sauberes Geschirrtuch filtern und in sterilisierte, ebenfalls gut verschließbare Flaschen abfüllen. Der Likör ist bis zu 2 Jahre haltbar.

RAT-
APFEL

Register der Rezepte und DIY-Ideen

Register der Gartenbegriffe

Danksagung

Ich danke meinem Mann Marco und meiner Tochter Mia für den kompromisslosen Beistand und die tolle Unterstützung während der halbjährigen Schreibphase zu diesem Buch – ohne euch wäre das Buch nicht zu dem geworden, was es jetzt ist. Auch danke ich meinen Eltern, die mich bereits mein Leben lang in meinem Vorhaben unterstützt haben und mich dazu ermutigten, die Idee zu meinem ersten Buch, einem lang gehegten Traum, aufs Papier zu bringen.

Über die Autorin

Carolin Jahn ist leidenschaftliche Hobbygärtnerin und -köchin. Sie lebt mit ihrer Familie im beschaulichen Schwäbisch Gmünd im Süden Deutschlands, am Rande der schwäbischen Alb. Ihre Liebe zur Gartenarbeit, den daraus resultierenden Ergebnissen und deren Verarbeitung in der Küche teilt sie seit 2018 in ihrem Garten- & Foodblog **Parzelle14.com**. Hier und auf ihrem Instagramaccount **Parzelle_14** bloggt Carolin über reiche Ernten, dreckige Fingernägel und herrliche Rezeptideen mit Genussgarantie.